ひとり酒、ひとり温泉、ひとり山

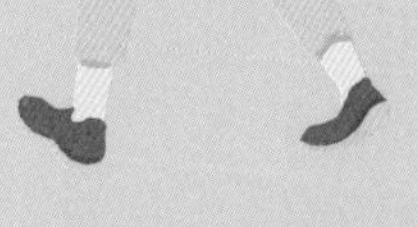

月山もも

KADOKAWA

はじめに

こんにちは。山と温泉を愛する女ひとり旅ブロガー、月山（つきやま）ももと申します。

会社勤めの傍（かたわ）ら、日本各地の山や温泉を目的地にひとりで旅をしています。温泉旅を始めて十数年。登山は２０２０年に10年目を迎えました。

温泉宿で過ごす時間が好きで、日帰りでたくさんの温泉を巡るよりも、宿泊して、できる限り長い時間、宿に滞在したいタイプです。

車の運転ができないので、公共交通機関を利用して旅をしています。電車やバスの乗り継ぎで1～2時間の待ち時間が発生することもよくあり、あまり効率のいい旅をしているとは言えません。

「車が運転できたらなあ」とか「運転できるパートナーがいたら」とか思ったりもしますが、「でもこれが私だしね」と、駅前の蕎麦屋で昼から日本酒を飲んでいたりします。

気に入った宿には何度も泊まりにいくし、飲食店にも通ってしまうタイプです。山も、好きな山には何度でも登ります。

登山は、ひとりだし……と思い、のんびりやるつもりだったのですが、始めてから5年間ぐらいはドハマりして怒濤のように登っていました。その当時は温泉宿でゆっくり過ごす余裕はありませんでしたが、ここ数年は落ち着いて、温泉と登山の両方を楽しめるようになってきたところです。

そんな風に、ずっとひとりで旅を続けています。

「ひとり旅が好きで」と言うと「格好いい！」とか「ひとりは気楽でいいよね」と言っていただけることもありますが、

「おいしいものを食べたりきれいな景色を見たりしても、共感してくれる人がいないとつまらなくない？」

と言われることもまた、多いものです。

おそらく、世の人は大きく二つに分かれるのではないでしょうか。

「楽しむときは誰かと一緒がいい」人と「ひとりでも存分に楽しめてしまう」人です。

もちろん、私自身は後者なのですが、この本は私と同じ「ひとりで楽しめる」タイプの人に向けて書きました。

気のあう相手と一緒の旅や登山は、すばらしいものだと私も思います。

ですが、ひとり旅にはそれとは別物の楽しさがあると思うのです。たとえば、都合や好みを誰とも合わせる必要のない気楽さは、その最たるものでしょう。いつ、どこに行くのも、何を食べるのも自分次第ですから、近くに有名観光地があっても気が向かなければスルーしますし、行きたければ時間が許す限り、遠くまで歩いていくのも自由です。

それから私の場合、誰かと一緒のときは会話に気を取られてしまって、見たものや食べたものの印象が薄くなってしまうことがあります。ひとりなら絶景や料理と一途に向き合えるので、記憶も鮮明に残りやすいのです。誰にも邪魔されずに、その土地でしか味わえない料理や、温泉のかぐわしい香り、山を吹く風の心地よさなどをひとりで噛みしめるひとときは、格別なものです。

しかし、いざ出かけようとすると、ひとりであるがゆえのハードルがないわけではありません。思うに世界は「楽しむときは誰かと一緒がいい」人のほうを基準に作られているように感じます。

ひとりでは泊まれない温泉宿もたくさんありますし、レストランなどで居心地の悪い思いをしたこともあります。また、登山については「単独登山はしないほうがいい」と言われることも多いものです。

私自身、最初からどこへでも、堂々とひとりで出かけられたわけではありません。いろいろと悩みつつ、入りやすそうな店・宿から経験値を積み、ひとりで楽しむためのノウハウをためて楽しめる場所を増やしてきました。登山についても、ひとりで登り続けていいのだろうかと考え、一緒に登れる相手を探したこともありました。ですが結局今も、安全登山を心がけながら試行錯誤しつつ、概（おおむ）ねひとりで登っています。

ひとりでも気持ち良く過ごせる貴重な宿やお店を、もっと多くの人に知ってもらいたい！という思いから「山と温泉のきろく」というブログを4年ほど前に始めました。そのブログを多くの方に読んでいただけるようになったことから、今回、書籍を出版する機会をいただきました。

ブログでは1軒の宿を紹介するのに1万字以上のテキストを書き、数十枚の写真と共に掲載しています。「すごい情報量だ」と褒めていただけることも多いのですが、書籍で同じことをしても仕方がないし、ものすごいページ数になってしまうので、本書には、ブログには書いていないことを書きたいと思いました。

この本には、私自身が「ひとりご飯とお酒」「ひとり温泉旅」「ひとり登山」を始めた頃のエピソードを中心に、ひとりでそれらを楽しめることのすばらしさと、楽しむための方法をまとめています。

今では当たり前のようにひとりで酒を飲み、温泉宿に泊まり、テントを担いで山を歩いている私ですが、よく言えば慎重、悪く言えばビビりな性格なので、最初のうちは本当におそるおそるでした。

「こうすれば、こういう風に考えれば、ひとりでも楽しめるんだ！」

という発見を、長い時間をかけて積み重ねた結果、今の私がいます。

その発見と、発見するまでの経過を、本書に詰め込みました。

ガイドブックのように情報を網羅したものではないので、既にひとり旅を存分に楽しまれている方にとっては、あまり目新しいことは書いていないかもしれません。しかし、これからひとりで出かけてみたいという方の、背中を押せる本になればと思っています。

旅でも外食でも登山でもそうですが、行ってしまえば楽しいけれど、出かけるまではけっこう面倒くさいものです。誰かと一緒なら「約束してしまったし……」という義務感で実行に移せたりしますが、ひとりのときは誰に咎められることもない代わりに「行こうよ！」と発破をかけられることもありません。そのため「ひとりで行ってみたいなあ」と思っても、なかなか行動を起こせなかったりします。私も最初はそうでした。

また、ひとりでは不安や不満を分け合える相手がいない心細さもあり、スタートダッシュで躓くと「やっぱり自分はひとり行動には向いていなかった」と諦めてしまう方もいると思います。

登山では、どんな山でも登り始めの30分が一番きつく感じるものです。私も未だに、最初の30分間は「今日はもう、ここまでにして帰って寝たい」と思いながら登っています。しかしその30分さえ乗り切れば、どんどん楽しさが増してきて、どこまでも歩き続けられるようになるのです。

きっと、山でなくても同じことが言えるのではないでしょうか。この本が、これからひとりでどこかに出かけようとしている方が、最初の30分で引き返してしまうことなく、自分なりの楽しみを見つけて続けていくためのサポートになればいいなと思っています。

出版のお話をいただいたのは2019年の秋のことで、2019年の終わり頃から2020年の夏にかけて執筆を行いました。その間に想像もしていなかった感染症が世にはびこるようになり、一時は外出もままならない事態を迎えたことは記憶に新しいかと思います。

正直なところ、2020年9月の現時点でも事態が収束したとは言えず、このタイミングで外食や旅の楽しさを謳う本を世に出していいのだろうか？という葛藤もありました。しかし、そうこうしているうちに大好きだった店や宿が、閉店・廃業するという知らせが次々と入ってくるのです。本の中で紹介予定だったお店が閉店することになり、掲載を見合わせた箇所もいくつかあります。何もせずに時間だけが過ぎていくのはあまりにもつらく、この本が外食・旅行・登山業界が息を吹き返すための一助となることを願って、世に出していただくことになりました。

ひとり酒もひとり温泉もひとり登山も、同行者との会話がないぶん、グループで行動するよりもリスクは少ない、と考えることもできます。

お住まいの地域や家族構成などによっても「いつからならＯＫか」という判断基準は変わってくるかもしれません。ご自身のタイミングで「今だ」と思われましたら、お出かけください。そのときは、この本がいくらかの手助けになるかと思います。

また、さまざまな事情で「今はひとりで出かけるのは無理だな」という時期も、人生の中でたびたび巡ってきます。そんなときもこの本を手に取り、その土地で採れた食材を地酒と共にいただき、湯に浸かり、山を歩く、ひとり旅気分を味わっていただけたらと思うのです。

「今は無理でも、次の季節にはきっと！」という旅への思いを、日々を生き抜くための原動力にしていただけたら、これほどうれしいことはありません。

旅は、本当にすばらしいです。その喜びを、この本を通してお伝えすることができれば幸いです。

CONTENTS

ひとり酒、
ひとり温泉、
ひとり山

第1章　ひとり酒

レベル別　ひとり酒と飯と茶と　36

第2章

ひとり温泉

第3章 ひとり山

山がもっと楽しくなる書籍8選 166

第4章 ひとり旅

本書で紹介するお店、宿の営業情報は、2020年9月末現在のものである。

第1章

ひとり酒

最初は、喫茶店に入るにも勇気が必要だった
ひとりでも楽しめるお店を
少しずつ増やしていってフレンチや、
ちょっといいお寿司も
楽しめるようになるまで

「どうしても、そして何度でも行きたい」店ならひとりで行ける

「高校生お断り」の喫茶店に一人で通った高校時代（初ひとりお茶）

鶴岡市・コフィア

初めて「一人で行きたい」と思って足を運んだお店はどこだったんだろう？と考えると、高校時代まで遡ることになりました。

私は山形県の沿岸部・庄内地方に生まれ、高校卒業までを過ごしました。実家は見渡す限りの田んぼに囲まれた田園地帯にあり、晴れた日には月山（がっさん）と鳥海山という、登山者が憧れる名山の姿が青空に浮かび上がりますが、当時の私はまだ、その価値を知りません。

電車やバスの便が良くなかったので、高校までは田んぼの中の道を30分かけて自転車で通いました。冬の間は路面が凍結し地吹雪が吹き荒れる日もあるため、母親に送り迎えをしてもらうのですが、高校1年生の冬、休日に部活のために登校していた日のことです。迎えに来てくれた母の車に乗り込むと、

〒997-0031
山形県鶴岡市錦町
13-11
☎0235-22-8778

コフィア外観

「コーヒーがおいしい喫茶店があるって聞いたから、行ってみない？」

と誘われ、鶴岡駅から徒歩5分のところにある喫茶店に向かうことになりました。白い外壁、青い屋根の2階建ての建物の1階。「コフィア」という喫茶店でした。ドアを開け一歩足を踏み入れると、コーヒーの香ばしい香りに包まれます。テーブルや椅子、カウンターなどすべてが美しく磨きあげられ、カウンターの中では白衣を着た男性が、真剣なまなざしでコーヒーを抽出していました。

鶴岡にこんな店あったんだ……ていうか、ネルドリップでコーヒー淹れてるところ、初めて見た。

女性スタッフに案内されて母と二人、テーブル席に着きます。

店内には、店主の門脇さんが吉祥寺の有名な珈琲店「もか」で修業をして、故郷の鶴岡に戻ってきてこの店を開いたことなどが掲示されていました。当時の私には吉祥寺がどんな街なのかも想像がつかず「東京で修業していたのに、どうして鶴岡でお店をやろうと思ったんだろう」などと、ぼんやりと考えていました。

しかし、その後にいただいたコーヒーのおいしかったこと！　ゆっくりゆっくり、宝物のように味わって飲みました。

メニューには「ウィンナー珈琲」や「珈琲のエキス」など気になるメニューがいくつもあり「すべてのメニューを飲んでみたい！」と強く思いました。ところが、母に「またコフィアに行きたい」とねだると「たしかにおいしかったけど、コーヒーが出てく

るまで時間がかかって待ってられなかったわ」と、つれないお返事……。

冬が終わるまで考えて「それならもう、一人で行くしかない」という結論にたどりついた私は、春が来て自転車通学に戻った頃、学校帰りにコフィアを再訪しました。コフィアのあの、湯を沸かしコーヒーを淹れる音だけが響く静かな空間に、同い年の友達を誘って行くのは何か違うな、と思ったのです。

緊張はしていたけれど、一度は来た店です。平静を装ってドアを開けると……ホール担当の女性が歩み寄ってきて、こう言いました。

「ごめんなさいね。うちは高校生はお断りしているの」

おお……なんということでしょう！

ものすごいショックでした。もう20年ぐらい経っているのに、今もはっきり覚えているぐらいなので余程ショックだったのでしょう。でも、それはそうかなとも思いました。私自身「同級生と行く雰囲気ではない」と感じていたのですから、なぜ自分だけは大丈夫だと思ったのでしょう。でも店に入れないということは、つまり高校卒業後に地元を離れる私にとって、もうこの店に通うことはできないのです！

ですがよく考えると「高校を卒業した私」と「高校生の私」を何で見分けるのでしょうか？　制服を着ているかどうかだけですよね。


……………………

2度目の訪問から2ヶ月ほど経ったある休日。化粧をし、大人っぽく見えそうな私服で私は、コフィアに向かいました。

2ヶ月前と同じように一人で、そっと、ドアを開けます。

ホールの女性と目が合い、一瞬の緊張の後、

「カウンターのお席にどうぞ」

と、案内していただけました。良かった……本当に良かった……。そこで断られていたら現在の「行きたいと思ったら、だいたいどこでも一人で飲みに行ける私」は、いなかったかもしれません。

カウンター席に座り、ウィンナー珈琲を注文します。門脇さんがコーヒーを淹れるのを間近で眺め、ややあって目の前に置かれた、生クリームがたっぷり載ったコーヒーを、ひと口。

こんなおいしいコーヒーがあるのか。

何というか、幸せを感じました。この席に座ることができて良かった、という喜びを噛みしめました。

それから月に一、二度、休日に私服でコフィアに通う日々が高校を卒業するまで続きました。最初は緊張していたのですが、何度かの来店のあとお店の方に「顔を覚えてもらっている」と感じるようになり、そうしたら居心地がよくなってリラックスして過ごせるようになったのです。

ウィンナー珈琲

また、はじめのうちは「コーヒーを全種類飲んでみたい」と思って通っていたのですが、いつの間にか目的も変わっていました。うまくいかないことがあって落ち込んだり、イライラしたりやさぐれたとき、自分を慰めるようにコフィアに足が向きました。おいしいものをいただくこと自体が心を癒やすのはもちろんありますが、それ以上に「ここではお店の人や他のお客さんがいても私はいつも一人だ」と感じていて。

家や学校での私を知る人は誰もおらず、世界には自分とおいしいコーヒーしかいない。誰に話しかけられることもなく、ただコーヒーを味わう。そんなときは時間がゆっくりと流れ、学校での人間関係や将来への不安、家庭でのちょっとした諍(いさか)いでささくれだった心が穏やかになっていくような気がしました。

••••••••••••••••••••

コフィアに通った高校時代の2年間で、いくつかわかったことがあります。まず「一人でお店に入って『お断り』されると、かなりショックを受ける」こと。複数人で断られても「なんだいっぱいか」としか思わないのに、一人だとなぜか自分を否定されたような気分になるのです。あれは、どうしてなんでしょうね。

それから、何度か通って顔を覚えてもらうと、リラックスした気持ちで時間を過ごせるようになること。

また「わかり合える人となら、二人で行くのもたまにはいい」ということ。高校を卒業する頃にはコフィアに、一人の同級生と一緒に行く機会が増えました。その友人とは、20年経った今も関係が続いています。

進学して上京した後も、帰省の際は時折コフィアをおとずれています。

東京でも旅先でも、数々の喫茶店でコーヒーを飲みましたが、コフィアに行くと「やっぱりここが一番おいしいな」と感じます。コーヒーの味も雰囲気も、こんなお店は日本中のどこを探しても他にありません。

すっかり大人になった私はかつての若い自分を思い出し「私服で化粧したところで、高校生の私はこの店には似合わなかっただろうなあ」と考えたりします。もしかしたら、今はもういない女性スタッフの方は、あのとき、私が高校生だって本当はわかっていたんじゃないか？とも。

もしそうだとしたら、黙認してお店に入れてくれたことを、本当にありがとうと言いたいです。鶴岡という広いけれど狭い街の中で私が、家族や学校の人と顔を合わせることなく一人になれる場所は、コフィアしかありませんでした。

大人になった今なら「どうでもいいこと」と受け流せるような些細（ささい）なことに、いちいち大げさに傷ついたり、悩んだりしていたあの頃。一人になって心を癒やせる場所があったことで、どれだけ楽に息ができるようになったかわかりません。

また鶴岡に帰ったら、何度でもコフィアに足を運びたい。ずっと、そう思っています。

人気の店はまず偵察して、作戦を練る

『哀しい予感』に出てくる洋食屋に行きたい（初ひとり飯）

上野・黒船亭

〒110-0005
東京都台東区上野2-13-13
キクヤビル4F
☎03-3837-1617

高校を卒業して東京の大学に受かった私は、上京して一人暮らしを始めました。一人で外食する機会は一気に増えましたが、そのほとんどはファーストフードやコーヒーショップ、定食屋、たまにファミレスといった安価な外食チェーンに行くだけのもの。おいしいものをいただくと言うよりは、空腹を満たすために手近なお店に入るというものでした。[※1]

そんな大学時代に、憧れていたお店にちょっと背伸びをして、一人で通った思い出があります。上野にある「黒船亭」という洋食屋さんです。

食べログなどの口コミサイトもまだなかった当時、どこでその店の存在を知ったかと言うと、吉本ばななさんの小説『哀しい予感』に登場するのです。

※1　とは言え、私が18歳まで育った街には、当時はマクドナルドやドトールなどのメジャーなチェーン店もなかったので、どこに入っても物珍しく、一人ご飯ライフを楽しんではいたのですが。

姉弟として育ったけれど本当は血のつながりのない二人が、とある理由で軽井沢に向かい、そこで男女として惹(ひ)かれ合っていることを確かめ合って東京に戻ってくる。上野で電車を降り、まっすぐ帰りたくないしめしでも食うか、どこに行く？　「くろふね亭。」と主人公は言います。そして食事をしながら、これからどうするのか、どっちかが家を出るのか？というような相談をする……ばななさんの長編小説の中で、当時一番好きだったお話でした。

吉本ばななさんの小説には、他にもさまざまな料理や飲食店が登場し、いずれも魅力的で実在するなら食べに行ってみたい！と思っていたのですが、店名がはっきり出てくるお店はあまりなかったのです。だから「くろふね亭」が上野にあると知ったときは是が非でも行かなければ！と思いました。

黒船亭はいわゆる「老舗(しにせ)」の洋食店です。公式サイトを見るとフランス料理店が前身で、来日時にはジョン・レノンも食べに来たとのこと。しかもビルの4階という外から様子を窺(うかが)うことができない立地にあり、一人で行くことにはためらいがありました。

そこで、友達を誘って行くことにしたのです。地方の大学に進学した同級生が東京に遊びに来るときに、新幹線を上野で降りてもらって待ち合わせ、一緒にお店に向かいます。たどり着いた黒船亭は思ったより格式張った感じはせず、気軽に入れる雰囲気の店でした。

ここが、『哀しい予感』で弥生と哲生が来た店か、などと考えていたのは最初だけで、久々の再会で話も盛り上がり、あっという間に時間が過ぎていきました。楽しい時間だったものの、会話に夢中で食べたものについてはほとんど覚えていないことに、帰るころになって気づきます。会話をしながらだと「料理を味わう」ことに集中するのは難しいんだなと知りました。

ですが幸いにも「黒船亭」は、ひとりご飯しやすいタイプのお店だったのです。帰る頃には「次は一人でも来れそうだな」と考えており、それからは折に触れて一人で足を運ぶようになりました。

・・・・・・・・・・・・・・・・・・・

一人で入りやすい理由として「通し営業をしている」ことがあります。

最初に来店したのは午後1時30分頃で、店内はほぼ満席状態、お店の方も忙しそうに動き回っていました。しかし食事を終えて店を出ようとした午後3時近くには、店内は落ち着いた雰囲気を取り戻しており「……この時間帯なら、一人で来ても大丈夫だな」と感じたのです。

「通し営業のお店に、ランチタイムとディナータイムの間に行く」という、ひとりご飯のテクニックを、ここで覚えました。

それから黒船亭は「カレー」や「ハヤシライス」などのご飯ものや「コロッケ」など

ロールキャベツ

一皿に二つ盛り付けられているメニューを中心に「ハーフサイズ」の提供があるのです。たとえば、黒船亭で気に入っているメニューの一つに「ロールキャベツ」があります。トマトソースで煮こんだ大きめのロールキャベツに、チーズたっぷりのクリームソースをかけて焼いたもので、さっぱりとしたキャベツと濃厚なソースが合わさってめちゃくちゃおいしいのですが、こちらに関しては「大きなロールキャベツ」を半分にして出すことは難しいのでハーフサイズの提供はありません。

普通なら、一人で来て大きなロールキャベツを食べたら後はせいぜい、小さなサラダをつけるか、ライスかパンをつけるかぐらいしか選択肢はないと思います。複数人で来ればシェアすることができても、一人だと一度に食べられるメニューは限定されてしまいます。

ですが黒船亭では、ロールキャベツにプラスして、ハーフサイズのハヤシライスやカレーライス、オムライスなどをつけることができるのです。

ハヤシライスがまた本当においしくて……主菜としてハンバーグなどの肉料理を頼んでいても、ハーフサイズのハヤシライスを一緒に注文したくなってしまうほどです。

大学生の頃に吉本ばななさんの小説がきっかけで出会った黒船亭ですが、今でも予定のない休日にたびたび、一人で上野に出かけて「ランチとディナーの間の時間」[※2]にひとり洋食を楽しんでいます。[※3]

ハーフサイズのハヤシライス

※2 アイドルタイムと呼ばれるそうです。

※3 他にお気に入りなのは「ビーフストロガノフ」「ステーキ丼」「ポーク生姜焼き」など。エビのグラタンやホタテのグラタンも、ハーフサイズで注文できるので、ときどきオーダーします。

現在の私はひとりご飯の経験値もあがり、口コミサービスやブログなどで「一人で行きやすいお店かどうか」の情報も入手しやすくなったことで、初めてのお店に一人で行くことも多くなりました。ですがその際はできる限り、アイドルタイムや開店直後の空いている時間帯を狙い、それが無理ならあらかじめ予約をするようにしています。

『孤独のグルメ』の井之頭五郎のように、いちいちネットで調べたりせず、どんなお店にでもふらっと一人で入れたら格好いいなとは思うのですが……限られた時間とお金を使って行くのですから、なるべく失敗はしたくありません。格好よくなくてもインターネットの恩恵に与(あずか)りたい私なのです。

今、一人で行ってみたいと狙っているお店は、吉本ばななさんの長編小説『もしもし下北沢』に登場するお店のシェフが、笹塚で営業されているお店「オー・ペシェ・グルマン」です。小説は「下北沢のお店が建物の老朽化による取り壊しで閉店することになったけれど、またどこかで店をやりたい」というところで終わっているのですが、現実にそのお店があるのです！

先日、知人と一緒に初めて行ってきまして、すばらしいお店だったので次は一人で行きたいな、行くなら何曜日の何時頃がいいだろう？と、作戦を練っているところです。

お酒を飲んで初めて「おいしい」と思えた店

「初めてのひとり酒」のきっかけは小西康陽（初ひとり酒）

三宿Ｗｅｂ

20歳の誕生日を迎え晴れて酒が飲めるようになった頃、大学まで自転車で通える場所に引っ越しをしました。

大学と自宅の間、通学路の途中の「三宿交差点」沿いのビルの地下に「三宿Ｗｅｂ」というクラブがあります。

夏のある週末に、その「三宿Ｗｅｂ」で当時ピチカート・ファイヴという音楽ユニットをやっていた小西康陽さんがゲストＤＪとしてイベントに出演することを知りました。ピチカート・ファイヴのファンだった私は「これは行かなくては！」と思ったのです。ライブには何度か行ったことがあり、小西さんがＤＪとしても活動されていることは知っていましたが、当時のクラブは営業時間が深夜帯中心で、日付が変わるころからＤＪタイムが始まる店が多かったので行ったことがありませんでした。渋

〒154-0001
東京都世田谷区池尻
3-30-10 B1
☎03-3422-1405

谷や六本木のクラブに行って、電車がなくなった後はどうすればいいの……？と思っていたのです。

でも、近所のクラブに小西さんが来てくれるなら、疲れたら帰ればいいし、このチャンスを逃すわけにはいきません。

20歳になったばかりの私は、クラブに一人で行ったことも一人でお酒を飲みに行ったこともありませんでした。それで高校の同級生で、やはりピチカート・ファイヴのファンだった男友達を誘って、一緒に行ってもらうことにしたのです。

イベントの当日、日付が変わる頃に初めて足を踏み入れた三宿Webは、満員電車さながらに、人、人、人でごった返していました。思うように身動きが取れません。でも、それは「クラブに行ったら音楽に合わせて踊らないといけないの？　踊ったことなんかないんだけど！」と、びびりまくっていた私にとっては好都合でした。とりあえず飲んでしまおう！と、カウンターでお酒を注文することにします。

「スプモーニください」

緊張気味に告げると、カウンターの中にいたお兄さんが無表情でお酒を作り始めました。その手元を見て「なんだかずいぶん、丁寧に作るんだな」と思ったのです。こういうところのお酒ってもっと雑に、ちゃちゃっと作るものなんだろうという勝手なイメージを持っていたのですが、注ぎ方も混ぜ方も繊細で、ちゃんとした、バーテンダーの手つきでした。

スプモーニは「カンパリ・グレープフルーツジュース・トニックウォーター」で作られるカクテルですが、目の前に置かれたそのお酒は、何もかもが想像と違っていました。グラスはプラカップではなくガラスのグラスで、冷たく冷やされており、氷も塊の氷を割ったもの。グレープフルーツジュースは生のグレープフルーツを搾ったものです。

めちゃくちゃに混んでいるフロアの中でスプモーニと向かい合い、一口、飲みました。

おいしい……。

お酒を飲んで心から「おいしい」と思ったのは、このときが最初だったように思います。それまでは「お酒ぐらい飲めなきゃ！」という思いで飲んでいただけだったんだなと、本当においしいお酒を飲んで初めて気がつきました。

その日は、帰るまでに何杯か違うお酒も飲んだのですが、すべてがおいしく、そして飲むほどに音楽がよく聞こえるようで、最後のほうはＤＪが誰かとかあまり関係なくなるぐらい、楽しくなってしまいました。

初めてのクラブ遊びが最高に楽しかったので、一緒に行った友人とは「また小西さんのイベントに行こう！　今度は六本木とかも行ってみようよ」と約束し、実際に翌月、六本木のクラブに行ってみたのですが……なんだか、最初に三宿Ｗｅｂに行ったときほど楽しくなかったんです。

理由はわかっていました。お酒が三宿Ｗｅｂのようにおいしくはなかったのです。

三宿Ｗｅｂは、お酒のおいしさでは突出しているクラブだったんですね。

三宿Ｗｅｂでまた、お酒を飲みたい。

ですが友人は家が遠いので、そんなに頻繁に来てもらうわけにはいきません。それに私は、できればあの店に、もっと気軽にふらっと飲みに行きたい、という気持ちになっていたのです。もうこれは一人で行くしかない！

••••••••••••••••

決心して、一人で飲みに行きました。行ってみてわかったのですが、クラブって席が決まっているわけでもないし、一緒に来た相手とずっと一緒にいるわけでもありません。一人で来ようが誰かと来ようが、実はあまり変わらなかったんですよね。

その日は平日で、前回ほど混んではいませんでしたが、やはり三宿Ｗｅｂのお酒はおいしくて、楽しく、満たされました。

それから数年間、少ないときでも月2回、夏休みなど多いときは月5〜6回、三宿Ｗｅｂに一人で飲みに行きました。私の「ひとり酒」の原点は間違いなく三宿Ｗｅｂだと思っています。

最初に飲んだスプモーニ、定番のジントニック、甘くて濃いキールなどが好きで、よく飲みましたね。何しろめちゃくちゃに若い時分ですので、2杯ぐらい自分のお金で飲んでいると大抵、どこからか「奢（おご）ってあげるよ」という方が現れて、飲ませていただいたものです。そういうときに、相手をよく見極めなかったり、対応を誤ると面倒なことになる、ということを学んだのも三宿Ｗｅｂでした。

・・・・・・・・・・・・・・・・

三宿Ｗｅｂで最初に注文したお酒が「スプモーニ」だったのは、高校時代に読んだ桜沢エリカさんの『ＣＯＯＬ』という漫画に「主人公が初めて一人でクラブに行った日にスプモーニを飲む」というシーンがあったからです。実を言えば、あの日までは一度も、スプモーニというお酒を飲んだことはありませんでした。

小説に出てきた洋食屋に行きたがり、憧れのミュージシャンがＤＪするクラブに行きたがり、漫画に出てきたお酒を注文する……我ながらミーハーで、田舎者の発想だなと思います。

しかし、大学生だった私が「あの店にどうしても行きたい！　たとえ一人でも！」と強く思った原動力の正体は、田舎者であるがゆえの、対象への強い憧れ……鶴岡という田舎町にいたのでは絶対に手が届かなかったものになんとかして近づきたい、という思いだったのではないか、と今になって思うのです。

きっと私は、田舎者だったからこそ大学生の頃から、たとえ一人きりでも、行きたいと思ったらどこへでも出かけていく人になったのだろうと。すっかりひとり酒が板についた今でも時おり、そんな風に当時のことを思いだしたりするのです。

レベル別

ひとり酒と飯と茶と

**一人で飲食店に入ってお茶やお酒を飲み、食事をすることも
最初はおそるおそるでしたが、次第に慣れて
「こういう店なら一人でも行きやすいな」
「こういうお店はちょっと難易度が高いけど、こうすれば行ける！」
ということがわかるようになってきました。
そうするとだんだん「一人で行く」こと自体が楽しくなってきたのです。
ここからは、飲食店の種類を一人で行くことの難易度別に分けて、
私なりの攻略方法であったり、楽しみ方だったりを
ご紹介していきたいと思います。
難易度はあくまで、女性である私自身が感じている難易度です。
「女性は牛丼チェーンには入りにくく、男性はカフェには入りにくい」
など、性別や性格によって差異はあると思いますが、ご了承ください。**

初心者 ☆☆☆
ひとりお茶を まずは楽しむ

一人で入ることの難易度が最も低いと思うのは「チェーンのコーヒーショップ」「ファーストフード」「喫茶店」「カフェ」など、コーヒーや紅茶などと軽食を楽しむ店です。スターバックスコーヒーやドトールコーヒーに代表されるコーヒーチェーンでは、立地にもよりますがお客さんの1／3ほどが一人客、ということも珍しくはありません。

私なりの「ひとりお茶」の楽しみ方は二つあります。一つは「さまざまなチェーン、さまざまな店舗に行ってみること」です。

なんとなく、いつも行く同じチェーン店、慣れたお店を選びがちですが「スタバに一人で行

ける」なら、タリーズにも星乃珈琲店にも行こうと思えば行けるはずです。それでもしも星乃珈琲店などの「喫茶店」に近い店が気に入れば「次は喫茶店も一人で行けそうだな。行ってみようかな」となるわけで。喫茶店に一人で行ける！となったらもう、さまざまな街の無数にある喫茶店まで、可能性が広がります。

行ける範囲内でいろいろなお店に行ってみることで、異なる業態のお店にチャレンジする取っかかりにもなると思います。カフェに一人で行けるなら、お酒のメニューがあるカフェで試しに一杯飲んでみれば、「なんだ一人でお酒を飲むなんて楽勝じゃん」と思うこともあるでしょう。

二つ目の楽しみ方は、いろいろな店舗に行ってみた中で気に入ったところ、通いやすいところがあれば、そこにある程度定期的に通ってみることです。

私自身の初めての「ひとりお茶」体験だった、高校時代に通った地元の喫茶店でも、何度目かの来店からはお店の方に「いつもの子が来たな」と認知されている雰囲気を感じました。話しかけられたり、常連扱い※されるようなことはなくても「一人で来ている自分を認めてもらっている」と感じると、なんだか居心地が良くなり「一人でゆっくりコーヒーが飲める場所があるっていいな」と、心から思えたのです。

個人でやっているお店なら2、3度通えばそういう風になることが多いですが、アルバイト店員が主体のコーヒーチェーンであっても、そういうことはあると思います。

※いわゆる「常連扱い」は、女性は特に、苦手に感じる方も多いです。

天気の子
渋谷のコーヒーショップ

スターバックス
コーヒー
渋谷3丁目店

〒150-0002
東京都渋谷区渋谷
3-11-7
☎03-5467-2005

勤め先からわりと近いところにあるスターバックスコーヒーに、私はお昼休み、定期的に足を運びます。「わりと近い」というのは、同じ会社の人と鉢合わせるのはなんとなく嫌だからで、本当は会社にもっと近いコーヒーショップがあるのに、10分ぐらい歩いて少し遠くのスタバに来ているのです。

注文するのはいつも「グランデサイズのソイラテ」です。季節や気候によって、アイスのときとホットのときがあります。いつもいつも同じオーダーなので、よくいる店員さんには「いつものですね！」と言われることがあるのですが、そんなよくいる店員さんの中に一人、ちょっと気になる人がいるのです。

若い男性のスタッフなのですが、彼がレジにいるとき、あるいはバリスタをしているときは必ず、その日の天気についてのコメントがあるのです。そのこと自体は他の店、他のスタッフでもよくあることなのですが、彼の天気の話はちょっとひねりがあるのです。

「台風が近づいていて、気圧の変化で体調崩される方が多いのでお気をつけくださいね」

「日中と朝晩の寒暖差が大きくて、今朝は霧がすごかったですよね。インナードライにお気をつけて」

など、テレビの天気予報コーナーで気象予報士が使うようなワードが含まれ、最後は健康を気遣う言葉で終わります。推定20代前半と思われる男性の口から「インナードライ」というワードが出てくるのは、なんだか不思議です。

　また、スタバの店員さんにはカップにイラストやメッセージを書いてくれる方がたまにいますが、あるときから天気の彼も書いてくれるようになり、めちゃくちゃ混んでいるときでも必ず何か書いてあるので、少し楽しみにしてし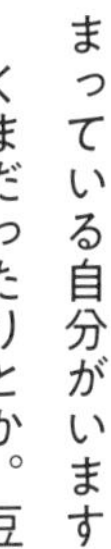まっている自分がいます。

　くまだったりとか。豆乳が翼を授けられて空を飛んでいたりだとか。王冠を授けられている日もあれば、アヒル口になっている日も。

　慌ただしいランチタイムに一手間かけてくれ

たんだなと思うと「午後からも仕事だるいなー」という気持ちでいっぱいだったのが、少し気持ちが上向くような気がして。なんというか「尊いな」と思ったりします。

　彼の印象が「カップに絵を描いてくれる、天気の話をする子」ということで固まりつつあったある日、いつものようにレジの列に並んでいると、私の前に並んでいた大学生ぐらいの女性のお客さんに、彼が、

「西川口にはけっこうタピオカ屋さんが多くて穴場なんですよ」

　と話しているのが聞こえてきたのです。

　タピオカ屋の話をすることもあるんですね！　しかも西川口の。というか、年齢を考えたら、インナードライよりもタピオカ屋の話題のほうが得意で当たり前か……。

　自分より上の世代のお客に対して何を話したらいいんだろう？　天気の話が無難だけど、毎日「今日は寒いですね」ばかりじゃワンパターンか？と思って、天気予報を見てその日話すことを考えているのかもしれない……。

　コーヒーを注文してから受け取るまでの、何も話さなければ話さないで過ぎていく短い時間について、少しの時間でもひそかに心を砕いてくれているのかもしれない、と思うと、コーヒーショップは山ほどあるというのにまた、同じスタバを選んでしまう私なのです。我ながらちょろいな。

飲んだ後のひとり夜お茶 吉祥寺の喫茶店

ゆりあぺむぺる

〒180-0003
東京都武蔵野市
吉祥寺南町
1-1-6
☎0422-48-6822

中央線
吉祥寺駅
総武線

ひとしきりお酒を飲んで、もう帰ろうか、というとき、コーヒーを飲みたくなるのは私だけでしょうか。

そもそも一人で飲んでいた日はそんなこともないのですが、よくあるのは、いわゆる「飲み会」で、多少なりともテンション上げて飲んだとき。皆と別れ家に帰る前にふと、一人でコーヒーが飲みたくなるのです。

職場のある渋谷での飲み会を終え、井の頭線を1本見送って席に座り、うとうとしながら帰ります。吉祥寺駅に着いて時計を見ると時間は23時少し前。ああ、こんな時間だけどなんだかコーヒーが飲みたい。

そうだ、駅から徒歩2分のあの喫茶店は0時までやっている！と思い出しました。

駅南口を出て通りを2分ぐらい歩き、右手に目指す喫茶店「ゆりあぺむぺる」はあります。

そこそこ酔って、だるい感じになっているので駅から近いの

もうれしい。

最近「クリームソーダがインスタ映えする」ということが評判になって、混みあうこともあるようですが、23時ともなれば店内は落ち着いた雰囲気を取り戻していました。

階段を上って2階へ。

「昔ながらの喫茶店」という雰囲気の店内で、2人掛けのテーブル席に着席します。

カレーやパスタなどの料理メニューもおいしそうで、特に「牛すね肉の欧風カレー」や「ジェノヴァ風シーフードピザ」がずっと気になっているのですが、ここに来るのはいつも、飲んだ後のタイミングなので、なかなか食べることができません。

でも、ケーキは食べたいな……こんな時間だけど。まあ、いいや。

この日は秋の終わりだというのに気味が悪いほど気温が高く、何か冷たいものが飲みたい気分。でも、アイスコーヒーは何か気分じゃないな……クリームソーダもちがうな……。

迷ったすえ、季節のデザートの中から「栗のプリン」と「コールド・ウィンナーコーヒー」をオーダーしました。やや固めの栗味のプリンの

(左)コールド・ウィンナーコーヒー
(右)栗のプリン

上には甘く煮た栗のスライスがのっており、生クリームに合います。

アイスコーヒーの上にも生クリーム。こんな夜更けに生クリーム三昧。ああ、しあわせ……。

閉店近くまでゆっくりとコーヒーを飲み、満たされて帰ります。深夜までコーヒーと甘いものが楽しめる喫茶店が近くにあるってすばらしいな、なんて思いながら。

初級 ★☆☆ ひとりご飯で満たされる

ここで言う「ひとりご飯」とは、お酒を飲んで会話を楽しみながら食べるというよりは「お腹を満たす」のが主目的になることが多いお店です。

業態で言うと「牛丼屋」「定食屋」「ファミレス」「立ち食い蕎麦」「ラーメン屋」「回転寿司」などでしょうか。複数人で来て料理をシェアする前提ではないため、注文時に「一人だと量が多いかも」とか「品数を食べれなくて残念」と思わなくて済むし、店内もカウンター席が多かったり、一人で来るお客さんを最初から想定しているので気負わず入れます。

と言いつつ私自身「ラーメン屋」「牛丼屋」「回転寿司」あたりは「男性が行く店」というイメージが強くて、「女一人で入るのってなんか恥ずかしい」と思っていたこともありました。男性が「男一人でカフェって」と思う方が多いのと同じでしょうね。今はどの店に入るのも平気ですが、最初の頃はお店の中を窺って、女性一人の先客がいるのを確認してから入ったりしたものです。

また近年は、これらの「お腹を満たす」役割のお店でも「ちょい飲み」を推奨しているところが多く、おつまみやお酒のメニューを増やしたり、飲み放題の設定があったりもするようです。

実は、私自身は飲むなら腰を据えて楽しみたい！と考えるタイプで、ひとりご飯のためにお店に入るときは「今日は飲まないぞ！」と思いながら入店することが多いです。しかし、そうは言いつつもたまに、気づいたら飲んでいることがあるのが恐ろしいですね。いや、気軽に入れるひとりご飯のお店でお酒も楽しめるって、いい時代になったなと思います！

もう今日は蕎麦で
渋谷駅構内の蕎麦屋

本家しぶそば

仕事帰りに「もう今日は蕎麦でいいや」という日が定期的にあります。「蕎麦でいいや」なんて蕎麦に失礼かもしれませんが、夕食に蕎麦を食べるのって栄養バランス的にあんまり良くないような気も、実はするんですよね。帰って寝るだけなのに炭水化物中心にならざるを得ないし、たんぱく質も摂れないし。本当は炭水化物は控えめで、野菜と肉なり魚なりが摂れるメニューにしたいところなんですけれど、もう今日はいいや蕎麦で。疲れた。

そんなときに立ち寄る店が、渋谷駅の山手線中央改札口の近くにある「本家しぶそば」です。

人通りの多い場所なのでいつも混んでおり、レジには人が並んでいますが、注文するのはいつも同じメニューなので迷うことはありません。

「冷やしかき揚げ蕎麦。つゆと薬味多め。ワサビ抜きで」

注文すると、レジのお姉さんが独特の節回しで復唱します。

「ひーやーがーき、つゆと、薬味多め、ワサビ、抜き」

そして「ワサビ×」などと書き加えられたレシートを渡してくれるので、それを持って席を探します。

いつも混んではいるのですが、席がないほどではありません。また、店の外から見ると立ち食いのみに見えるのですけど、実は着席可能なテーブル席もカウンター席もあるので、座れる席を確保します。テーブルの上に置いてあるセルフの水をコップに注いでいると、あっという間に注文した蕎麦が来ました。セルフサービスではないので、蕎麦は席まで運んできてくれるのです。

いただきます！

オーダーから本当にすぐ出てくるので蕎麦は茹で置きだと思いますし、かき揚げも熱々ということはないのですけどそれでも、いつでも、それなりにおいしいのです。かき揚げの具は季節により変わり、夏は枝豆とコーンになったり、冬は春菊が入っ

冷やしかき揚げ蕎麦

ていたりするのも楽しい。うん、これで十分というか、これが食べたかったんだわ、きっと。

「ひやしで、だいで、たんぴん、ちくわ」

「もーり、やくみ、多め」

お姉さんのかけ声が響く店内で、黙々と冷やしかき揚げ蕎麦をいただき、ごちそうさまでした。セルフサービスではないので、食器は席に置いたまま。店を出るとき「ごちそうさまでした」とレジ前で声をかけると、「ありがとうございました!」と声が返ってきます。

この速さと、ちょうどいいおいしさと、なんだかんだ上げ膳据え膳なところも、疲れているときにはありがたいのかもしれません。何を食べたいのか考えることすら面倒になった日の夕食に、きっと、ちょうどいいのです。

渋谷店は２０２０年9月13日に閉店

庄内の蕪
吉祥寺の定食屋

もんくすふーず

〒180-0005
東京都武蔵野市
御殿山1-2-4
☎0422-48-3977

中央線
総武線
吉祥寺駅
井の頭池

渋谷にある会社に勤めて10年ぐらいになるのですが、その前2年ほど、自宅に近い吉祥寺で働いていたことがあります。

その2年の間にちょっと深刻な病が発覚し、入院・手術など諸々を経た挙げ句に転職して今に至るのですが、当時は「体にいい食事をしたほうがいいのでは」と考えて、玄米や無農薬の野菜を意識して食べていました。そんなとき、会社からすぐ近くに玄米ご飯と有機野菜を使ったおかずの定食がいただける食堂があると知り、帰りに寄ってみることにしたのです。

「もんくすふーず」という名前のその店は、井の頭公園にほど近い、「いせや」という有名な焼き鳥屋さんのある通り沿いにあります。

1階はカウンター席、2階はテーブル席で、入り口に「一人の方はカウンター席へ」と貼り紙がされているので、迷わず1階のカウンター席へ。

最初にこの店に足を踏み入れるとき、実はけっこう緊張しました。「有機野菜と玄米を使ったお店」って、お客さんもお店の人も「健康に気を遣っている意識高い人」なんではないかと思い、敷居が高い気がしていたのです。

しかし、何度か通ううちにこのお店は、健康志向から有機野菜や玄米を出しているわけでなく、単にそれがおいしいと思うからそうしているだけなのだとわか

3番：鶏肉の定食

りました。もちろん、食べに来るお客さんも「おいしいご飯を食べに」来ているだけで、普通の、おいしい定食屋さんでした。それから、吉祥寺で働いていた間は昼に夜に毎日のように通い、職場を移ってからも時折おとずれています。

もんくすふーずの定食メニューは、すべて日替わりで3種類あり「1番：野菜の定食」「2番：魚の定食」「3番：鶏肉の定食」から選びます。そしてご飯は「玄米」と「七分づき米」のどちらかを選べるので、玄米が苦手な人でも大丈夫です。

野菜の定食は出汁（だし）もすべて植物性のものを使っているそうなのですが、量が本当にたっぷりで、野菜だけとは思えないぐらい満腹になります。もちろん、魚の定食と鶏肉の定食もしっかりと量があり、副菜のおかずはとにかく野菜がたっぷり！　味噌汁も具だくさんで野菜たっぷり！

鶏肉の定食は、さまざまな種類の野菜と鶏肉をカレー味やトマト味で煮たメニューが定番ですが、煮こみすぎず、野菜の歯ごたえがきちんと残っています。

鶏肉も、肉好きの私がしっかり満足できる量

（上）鶏肉と大根のカレー煮
（下）2番：魚の定食

が入っているのがうれしいですね。

最近は魚の定食を選ぶことが多いのですが、中でも「揚げ」系のメニューの日は心躍ります。「鯵の開き揚げ」の日には、小鯵の開きが3尾も付いていました。しっかりと揚げてあり、小骨も気にならずいただけます。鶏肉の定食も魚の定食も、副菜には旬の野菜を使ったおかずが2品付き、夏に行ったときは「ミニトマトの酢漬け」と「ナスの辛味噌和え」でした。

けして薄味すぎることはなく、素材の味が活きる味付けがしっかりとされているのもいいなと思います。健康を意識して選んだ店ではあったのですけど、健康的と言っても味気ない料理を食べるのは、長続きしないですよね。

職場が吉祥寺ではなくなった今は、そう頻繁に通っているわけではないのですが、吉祥寺でご飯を食べるときはFacebookでメニューをチェックして時折食べに行っています。もんくすふーずはご夫婦で営まれているのですが、ご主人が毎日、メニューをアップしてくださるのです。

先日食べに行ったら、ご主人に、

「この前『庄内の赤蕪』っていうのを買ってみて、タッパーで漬けたんだけどなかなかうまく漬からなくてさ。調べたら「ビニール袋に入れて漬ける」って書いてあったからそうしてるんだけど、実家ってビニール袋で蕪、漬けてた？」

と、赤蕪が入ったビニール袋を見せられました。

「こういうの、見たことある？」

ああー、言われて見れば、見たことあります！

「なんか、袋に入れてときどき揉み込むと味が染みるらしいよ」

地元の郷土料理の作り方を吉祥寺で知るというのもなんだか不思議な気分ですが、もんくすふーずのメニューに赤蕪の酢漬けが出たときはまた食べに行こう、と思いました。

中級 ★★☆ ひとりで酒を飲んだっていい

「ひとり酒」と言いつつ、私自身はバーのようにお酒メインのお店には行く機会は少ないのですが、要はお酒に限らず「酒食を楽しむ」お店のことです。

「空腹を満たす」ためのお店よりも、酒食を楽しむお店のハードルがやや高い理由として、一つは「楽しむのは誰かと一緒がいい」という価値観の人が、世間的にはわりと多いということがあります。

「ひとりでも飲みに行きますよ」という話を職場などでしたときに「それの何が楽しいのか、ぜんぜんわからない」と言われたことが何度もあります。理由を聞くと「食事がおいしいと思ったとき、そのおいしさを共有できる相手がいなかったら楽しくない」からだそうです。

私の感覚だと「人と共有しなければ楽しくないことって、本当は、別に楽しくないのでは？」と思ってしまうのですが、どうやらそういう「楽しむときは誰かと一緒がいい」「誰かと一緒だからこそ楽しい」と考える人は一定数いるようなのです。

つまり、おいしいお酒と食事を一人きりで楽しんでいる姿を、そういう価値観の人に見られたら「あの人は一人で飲みに来て何が楽しいのかな？」と思われている可能性があるわけです。「別に人に何と思われようと、自分が楽しければどうでもいいや」という、ある種の悟りをひらくまでは、このことは一つのプレッシャーになります。

また、それとは別に「一人でも楽しめるお店選び」にもハードルがあります。「酒と食事を楽しむ」ための店では滞在時間が長くなるので、お店としてもできるだけ空席ができないように席を埋めたい場合が多いし、単価の高いお客さんに座ってもらいたいということです。なので満席が予想されるような日はたとえ空席があっても、一人客は断られてしまうこともあります。

このハードルをクリアするためには「なるべく空いている曜日や時間帯を狙う」ことと「一人で来たお客さんにも楽しんでもらいたいと思っている店かを見極める」ことが必要となってくるのです。

駅ナカのオアシス品川駅改札内の居酒屋

ぬる燗佐藤
御殿山茶寮

〒108-0074
東京都港区高輪
3-26-27
エキュート品川2F
☎03-3445-8848

実は「駅ビルやデパートのレストラン街」には、一人でふらっと入ってお酒を楽しみやすいお店が入っています。デートや飲み会の場所にレストラン街のお店を選ぶことは少ないと思いますし、ディナータイムはあまり混んでいないお店が多いです。お店側も、買い物のついでに立ち寄るお客さんを想定していますので、一人でも入りやすいのです。

恵比寿アトレや渋谷西武などのレストラン街

に、私も仕事帰りに立ち寄りますが、近くの会社でお勤めのサラリーマンやOLが帰宅前に夕食を摂ったり、一杯飲んだりしているのを見かけます。

それと同じような理由で最近、ひとり飲みしやすいお店が増えているのが「駅ナカ」のお店です。品川駅や東京駅など新幹線が停車する駅の改札内には、乗り換え待ちの時間にお酒や食事が楽しめるお店が増えているのです。

エキュート品川2階、ぬる燗佐藤

特に品川駅の「エキュート品川」は、広くはない敷地内にいい感じのお店がギュッと詰まっている感じで興奮します！

モーニングビュッフェの生ハム食べ放題が有名な「バル マルシェ コダマ」や、本格的なインドカレーがいただける「シターラ・ダイナー」、ハンバーガーなどの軽食と常陸野ネストビールの樽生10種類が楽しめる「常陸野ブルーイング品川 Beer & Cafe」など、魅力的なお店が並ぶ中で、私の一番のお気に入りは、日本酒のラインナップがものすごく、つまみもおいしい「ぬる燗佐藤 御殿山茶寮」です。

エキュート品川の2階、エスカレーターを上ってすぐのところにあり、ちらりと中を覗けば、混雑具合がすぐにわかります。入り口付近にはスタンディングの席もあるので、席がなくて断られることはまずないのですが、できれば座りたい……。というわけで、カウンターに空席があるのを確認して、中へ。

とにかく日本酒の種類が多いのですが、そのうえ1合で注文すると「飲み方」も、5度から55度まで細かく温度を指定できるのです。メニューにはそれぞれのお酒に対してお店がおすすめする温度が書かれているので、その通りに注文するのもいいし、気に入ったお酒を温度を微妙に変えて楽しむこともできます。

この日はまず「天狗舞 山廃純米」をおすすめの熱燗で。

燗酒は、保温器に入った状態で提供されるのもうれしいポイント。お酒の説明が書かれたカードがついてくるのもいいですね。写真を撮っても後から「これ、なんのお酒でしたっけ……」となることも多いので。

すぐ出そうなおつまみメニューから烏賊（いか）の塩辛をオーダーし、お疲れさま私！　乾杯！

塩辛で飲んでいると、すぐにお刺身3点盛りが来ました。

かんぱちやまぐろのような、脂がのっていて味が濃いお魚は、熱燗と良く合いますね……。魚の脂……そうだ、あれも食べたい。

というわけで追加注文は「とろ塩鯖焼き」をチョイスしました。

皮にパリッと焦げ目がついて、脂がのっていておいしい……。しかし、魚が焼き上がるまでに熱燗をほとんど飲んでしまったので、次は冷酒をいただこうかな。

栃木のお酒、鳳凰美田の純米吟醸をいただきます。マスカットのような香りと、ほんのり、上品な甘み。

そろそろお腹がいっぱいになってきたのですが、まだお酒がいっぱいあるのでもう1品何か頼もう……と思い、メニューを見ると「厚揚げ絹豆腐」の文字が。これはつまり「絹ごし豆腐の厚揚げ」ということですよね？……これは、気になる。

で、オーダーしました。大根おろしをのせて口に入れるとそのもちもちの食感に驚きます。絹ごし豆腐の厚揚げ……飲める、いいつまみじゃないか！

駅ナカという一等地中の一等地ですから安いお店ではないですけれど、だからこそ混みすぎず、一人でのんびり飲めるというのもあると思うのです。改札から1歩も出ずにこんなにおいしいお酒と料理がいただけるとは、なんて便利で幸せなことでしょう、などと思いながら、ほろ酔いで池袋方面行きの山手線に乗り込むのでした。

（上）刺身3点盛り
（下）とろ塩鯖焼き

なぜかいつも座れる新宿歌舞伎町のダイニングバー

アボットチョイス 新宿店

〒160-0021
東京都新宿区歌舞伎町1-2-1 B1F
☎03-5155-8238

人が多すぎるのでなるべく新宿には行きたくないのですが、行かねばならない用事が多いのです。そして、行ったら行ったで一杯飲んで帰りたいこともあるもので。しかし、こんな人の多い街で一人でふらっと立ち寄れる店はあるのでしょうか？

　そんなとき「あそこなら！」と思い出す店が、靖国通りと区役所通りが交差する場所にあるバー「アボットチョイス」です。

　土日は15時から営業しているこちらのお店は、クラフトビールをはじめとした樽生が11種類飲めるのですが、ビール以外のウィスキー、ワインなどのラインナップもかなりのもの。さらにカクテルも凝っていておいしく、フードメニューも充実しているという「飲んで食べたい」私としてはありがたいお店なのです。

　土曜日の夜10時。席空いてるといいな……。ドア越

地下1階にあるアボットチョイス新宿店

しにも中の賑(にぎ)わいが感じられ、一瞬緊張しますが、意を決してドアを開けます。

　正面のカウンターにいたお店の方がすぐに気づいて「奥のカウンター席へどうぞ」と案内していただけました。これまでも何度か来ているのですが、混んでいるときでもなぜか1席か2席は空いていて、座れることがほとんどでした。相性がいいのかな。それにこのお店は立ち飲みのスペースもあるので、入店時に空席がなくてもとりあえず立って飲んでいれば、席が空き次第案内してもらえるんですよね。

　しかし、今日はすぐ座れてラッキーでした。ファーストオーダーはもう決まっています。

「ヒューガルデン、グラスで」

　ベルギービールの定番「ヒューガルデンホワイト」の樽生が、常時いただけるのがアボットチョイス新宿店のいいところ。

　いただきます！　ああ、ヒューガルデンはいつ飲んでもおいしい……。

　さてとつまみを……とメニューをめくっていると季節のおすすめメニューの「いのししのパテ」が目に入りました。よし、これだ。

　木の皿にのせられて登場した「いのししのパテ」は、ピンクペッパーをはじめとした香辛料がたっぷりかかっています。ナイフで切り分け

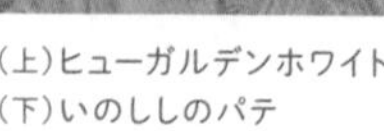
(上)ヒューガルデンホワイト
(下)いのししのパテ

て、粒マスタードをのせて口に入れると……お
お……おいしい、普通においしいパテだ。

「どうですか？　あんまりクセがなくて、ジビエって感じはしないですよね」

と、私の心の声が聞こえたかのように、カウンターの中から声をかけられます。眼鏡をかけた、気のいいお兄ちゃんという雰囲気の男性スタッフ。

「あ、そうですね。普通においしい」

「そうなんですよ、普通においしいパテになっちゃいました」

「なるほど」

何がなるほどなんだか自分でもよくわかりませんが、おいしいことはいいことです。ついでに、もう一品注文するメニューについて迷っていたから聞いてしまいましょう。

「この『シェパーズパイ』っていうのと『自家製ハギス』っていうので迷ってるんですけど、ボリューム多いですか？」

聞けば、シェパーズパイは「ラム肉の上にマッシュポテトをのせて焼いたもの」で、ずっしりとボリュームはある。自家製ハギスは「スコットランドの内臓料理を日本人の口に合うようにアレンジした肉系のおつまみ」で、こちらのほうが量は控えめとのこと。

「レバー嫌いじゃなかったらハギスおすすめですねー。スコットランドの人には『こんなのハギスじゃない』って言われちゃうみたいですけど」

「じゃあその自家製ハギスと、あと『マグナーズオリジナル

ハギス

サイダー』ください」

「サイダー」と言っても炭酸水のことではなく、りんご果汁を発酵させて造ったお酒のことです。

しばらくして提供された「自家製ハギス」は、しっかり処理された内臓に下味を付けて、焼いたか低温で揚げるかした料理でした。

モツ好きな私は「もっとクセが強くてもぜんぜん大丈夫！」とも思いましたが、もちろんおいしいです。

ハギスを食べつつ、見た目はりんごジュースにそっくりなオリジナルサイダーを飲んで、あー、満足しました。オリジナルサイダー、甘さ控えめのアップルサイダーアルコール入りって感じで、水のようにごくごく飲めてしまうのが恐ろしいですね。

最後に、デザート代わりに甘いお酒をと、スパークリングワインのサングリアをオーダー。

気がつくとさっきの眼鏡のお兄さんは消えており、別のスタッフの方に注文をお願いしました。しかし、この人もとても感じが良くてですね……こんなに混んでいてもみんな感じ良く接してくれるから、このお店は印象がいいんだよな、と思いつつ、サングリアを飲んで、ごちそうさまでした。

会計を済ませて帰ろうと席を立ち、立ち飲み席の側を通って出口に向かおうとしたら、立って飲んでいたお客さんに

「あ！　ありがとうございました！」

と声をかけられました。ずいぶんごきげんな人だな……と思ったら、さっきまでカウンターの中にいた眼鏡のお兄さんです。そうか、仕事は終わって、お客として飲んでいたのですね。

お疲れさまです。いいお店でいいお酒でした。たまには新宿で飲むのもいいものだわ。

年1度でも常連のような甲府駅前の鰻屋

川長

〒400-0031
山梨県甲府市丸の内
1-2-12
甲府ターミナルホテル
1F南
☎055-222-5890

鰻、高くなりましたよね。高いだけでなく近年は個体数の減少が問題視され、うっかり「鰻おいしかった」などと発言しようものなら「信じられない」などと言われてしまう世の中になってしまいました。

私は実家が寺院でして、祖父も父も住職だったのですが、祖父は鰻が大好物で、スロットで勝つと鰻の蒲焼きを買ってきてくれるのが子供の頃の楽しみでした（僧侶とは言え、鰻やスロットが好きだったのです）※。

祖父はずいぶん前に亡くなりましたが、隔世遺伝で鰻好きを受け継いだ私は、鰻で一杯飲むのが大好きです。東京にも鰻屋はたくさんありますが高い店が多いですし「そこそこ安くておいしい」ところは混んでいるので、のんびりひとり酒に向いている店はあまり思い当たりません。

なので鰻が食べたいとき、私は甲府に行きます。海がないせいか山梨県と長野県には、東京よりも安く、おいしい鰻をいただけるお店が多いのです。甲府まで行く電車代を足せば東京でお高い鰻屋に行くこともできるじゃないか！と思われるかもしれません。ですが甲府は、４３０円で源泉かけ流しの温泉に入れる銭湯や、甲州ワインが楽しめるカフェなど、温泉好きの酒飲

※とある葬儀で参列者の方に「私いつも、和尚様の隣の台で打たせてもらってます」と声をかけられたこともあるそうです。

みには堪えられない楽しみの多い街。休日の午前中に自宅を出発し、さんざん楽しんだ最後の〆に鰻で一杯いただく、というのが鉄板の楽しみ方なのです。

目指すお店は、甲府駅から徒歩2分の「川長（かわちょう）」さん。夜の営業を開始する17時を回ったらすぐに、のれんをくぐります。地元の方にもファンが多い人気のお店ですが、開店直後であればお客さんも少なく、一人でもゆったりと楽しめることがほとんどです。

「いらっしゃいませ。あ！　いつもありがとうございます。お好きなお席にどうぞ」

先客はおらず、座卓が5卓ほど並ぶ店内で、壁際の卓を選んで座ります。

川長さんに夜来たらもう、頼むものは決まっています。「グラス生ビール2杯か、お銚子2本」と鰻の串焼きがセットになった夜だけのメニューがあるのです。

Aセットと Bセットがありますが、ここで私が注文するのはAセットです。私は「飲みも鰻も両方楽しみたい欲張りなタイプ」なのですが、川長さんはこれが叶えられるから大好きです。

「晩酌セットのAで、グラス生1杯と熱燗1本で。最後に特半丼をお願いします」

「はい。ビールはすぐお持ちしてよろしいですか？」

「お願いします」

即座に現れるお通しのぬか漬けと、きめの細かい泡の立つサッポロ黒ラベルのグラス生ビールを……いただきます！

ぬか漬けをつまみつつ飲み、ややあって提供された辛味噌きゅうりをかじりつつ飲んでいたら、あっという間にビールはなくなってしまいました。

熱燗を待っていると、串焼きが5本並べられた皿が目の前に置かれます。続いて熱燗も。「うな串」はいわゆる鰻の「身」の部分を串焼きにしたもの。塩焼きになっており、白焼きが好きなのでこれもうれしいポイント。日本酒にはやはり塩が合うなあ。

日本酒は山梨の地酒かと思いきや、奈良県生駒市にある「上田酒蔵」の「生長」です。お店の方のこだわりのようで、安いのにおいしいお酒です。単品でオーダーしてもリーズナブルなんですよね。本当に安くて、もし甲府に住んでいたらめちゃめちゃに飲んでしまいそうです……。

鰻の串はまだまだ続きます。「うね焼き」は、ねぎまのように鰻とねぎを交互に串にさして、たれをつけて焼いたもの。白焼きもいいけどたれもおいしいですね。

それから鰻の「ヒレ」と呼ばれる部位の塩焼きをいただき、最後に別の皿にのって現れたのが……鰻の「兜焼き」です。

文字通り、鰻の頭を5匹分、たれをつけて串焼きにしています。間近でじっと見ると「う、

(上)左からうな串、うね焼き、ヒレ
(下)兜焼き

うなぎの顔だ……」と思ってドキドキしますが、口に入れるとほろ苦く、抵抗なくほぐれていく柔らかさで、最高に飲めるつまみなのです。「うなぎは絶滅危惧種なのに非常識だ！」と言う人が聞いたら憤死しそうなメニューですが……よく考えると、頭の先まで余すことなくおいしくいただくというのは、ある意味供養になりそうな気も……しませんかね。

だいぶ酔いがまわったところで串焼きもお酒もなくなり、最後に特半丼がきました。

うなぎもご飯も半分の大きさのうな丼です。飲んだ後にはこれがちょうどいいサイズ。てりてり、ツヤツヤのかば焼きはふんわりと柔らかく、ご飯もおいしい。

「いつもありがとうございます。またどうぞいらしてくださいね」

お会計のときにまた言われ。実は、この店に来たのは1年ぶりぐらいなのですけれど「いつもありがとう」と言われるのは悪い気はしないです。というか、年に1度か2度来るかどうかのお客なのに、ちゃんと覚えていてくれて本当にうれしい。

特半丼

おじいちゃんが生きていた一昔前はもう少し気軽な食べ物だった気がするのだけれど、今や鰻を食べるたびに「食べることは命をいただくこと」なのだと、再認識させられるような時代になってしまったね。いいんだか、悪いんだか……。

そんなことを思いながら店を出て甲府駅に向かい、特急「かいじ」に乗って東京に帰るのです。

上級★★★　自分を甘やかしてあげたい日の、ちょっと豪華なひとり酒

記念日やお祝い事のような、いわゆる「ハレの日」に利用することの多いお店があります。回らないお寿司や会席料理をいただくような料亭、洋食ならフレンチが代表的でしょうか。イタリアンであっても「リストランテ」と呼ばれるような高級店はここに含まれるでしょうね。

こういった特別な日に伺うことの多い、値段も少々お高めのお店が、ひとり酒の難易度としては一番高いのではないかと思います。普段から気軽にひとりで飲みに行っていても「高い店にまで一人で行きたいとは思わない」という方も多いのではないかと。

やはり「記念日やお祝い事は大切な誰かと一緒に祝いたい」という人が多いでしょうし、お店のほうも「そういうつもり」でいるので、一人での来店を想定していないお店も多いです。

もちろん、記念日などに親しい誰かと一緒にちょっと値の張る食事に行くのはすばらしいことだと思うのです。でも、人から見たら何でもない当たり前の日であっても、ちょっといいお寿司やフレンチを食べたい日があるんですよね。

それはたとえば、仕事がうまくいったり、目標を達成したりして、自分にご褒美をあげたい日。あるいは逆に、どうあがいてもうまくいかなくて落ち込んだ日。おいしいお寿司なんかをつまんで、自分を甘やかしたい気持ちになるのです。そういうときはとにかく自分の欲を優先させたいので、同行者の存在はある意味邪魔に

思えたりもします。

それに、自分のお金を使って一人で好きなものを食べに行く……それでこそ「またこのおいしい寿司を食べるために、しんどいけどがんばろう」という気持ちになれるのではないか？とも思うのです。

特別な日に行くようなお店に一人で行くときは、もう、絶対予約が必須です。最近は、わりと高級めのお店であってもネットで予約できるところも増えました。無断キャンセルなどでネガティブなニュースも多い飲食店のネット予約ですが、私はめいっぱい活用してひとり酒を楽しんでいるので、なくならないでほしいですね……。

ひとりでも気楽に、いい寿司を吉祥寺の寿司屋

吉祥寺 鮨
栞庵 やましろ

〒180-0004
東京都武蔵野市
吉祥寺本町
1-9-9 3F
☎050-3462-4231

寿司が好きですが、東京でちゃんとしたお寿司屋さんに行く機会は少ない私です。
というのも、海が近い場所を旅したときに街のお寿司屋さんなんかに入ると、安い上に驚くほど新鮮でおいしい、ということが珍しくないのです。そうなると東京のお寿司屋さんは敷居が高く感じたり、お店の数も多いのでどこに行けばいいのか、決めるのも難しいなと思ったり

します。

そんなわけで、仕事帰りに寿司で一杯……というときは専ら回転寿司か、立ち食いのお寿司屋さんなのですが、たまには東京で、ちょっといいお寿司を食べたい日もあるのです。たとえば大きな仕事にとりあえず方が付いた、というようなタイミングでしょうか。

2020年の8月、お盆の直前にまさにそのタイミングが回ってきました。「明日の夜、お寿司行こう！」と決めると、飲食店の予約アプリに日付、時間と「エリア：東京都」「人数：1名」と入力して、予約可能な店を検索します。検索結果に表示された店の中から最も気になった一軒を選んで予約を完了！　翌日の夜、自宅で仕事を終えた後に歩いてお店に向かいます。

吉祥寺の「鮨 栞庵 やましろ」が今晩のお店です。寿司なら銀座か築地か？とも考えましたが、仕事後に1人で電車に乗って食べに行くのはちょっと面倒だし、近場のほうがリラックスできて、いい店ならまた行こうとも思えます。それに、2020年は春から自宅にいる時間が長かったので「近所のお店を応援したい」という思いもありました。

地図アプリを見てたどり着くと、人通りの少ない「路地裏」と言って差し支えないような場所にお店はありました。ビルの3階ですが、エレベーターはなく階段を上ります。

「偶然通りかかった人が入ってくる」ことはまずないであろう場所に「鮨 栞庵 やましろ」は2020年の6月3日にオープンしたそうです。立地といい、緊急事態宣言が解除されてすぐのオープンであることといい「お客を呼べる自信がある店なんだな」と感じます。なんでも、ミシュランで星を獲得した銀座のお店が出した新店なのだとか。

のれんをくぐり、真新しい白木の戸を開けて予約の名前を告げると、カウンターの隅の席に通していただきます。ああ、カウンターの端っこの席って、なんて落ち着くのでしょう……。

ドリンクメニューにあった「大将の隠し酒」が何なのかを聞くと「たくさんあるのですが、どういうタイプのお酒がお好みですか？」と聞かれます。「じゃあ、夏なのでフルーティなものを」とお願いすると、候補として選ばれたのは「楯野川」と「出羽桜」という、偶然にも両方とも私の故郷、山形県のお酒でした。

実は、今年はお盆に帰省もできないし、交通費が浮いたぶん高い寿司でも食べてやろう、という思いも少しありました。墓参りもできない

し、ここで故郷の酒でも飲んで先祖の供養に代えるか……と「楯野川 純米大吟醸」をオーダーします。

お酒を注いでくれた後、撮影しやすいように瓶の位置を動かしてくれて「どうぞ、SNSなどで拡散してくださいね」と言われたので、この後の料理も撮影しやすくなってありがたかったです。料理の撮影をよく思わないお店もあると思いますが、1人で行くなら特に、こういうお店のほうが気楽でいいなと私は思います。

予約していた1万2000円のコースは握りとつまみが交互に出されます。最初にさっぱりと「もずく」をいただいた後は、見た目にも美しい「中とろの握り」が提供され、口の中でとろけました。握りはすべて仕事がしてある江戸前寿司で、白いかにはすだち塩、鰺にはねぎ、

(上)中トロ、(下)鰺

(上)茶わん蒸しイクラとトリュフのせ、(下)2杯目の出羽桜

本鮪の赤身には青柚子と手を替え品を替え楽しませてくれます。

　少量ずつ出されるつまみもすべておいしく、茶碗蒸しの上にいくらとトリュフが載っているのには驚きました。２杯目のお酒はもちろん「出羽桜」を。パイナップルのような甘い風味のあるお酒です。

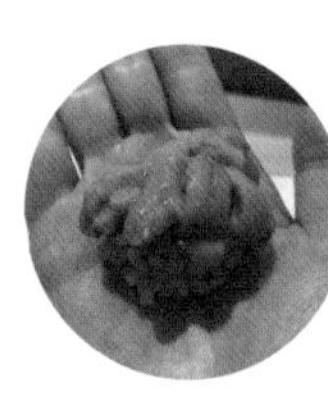

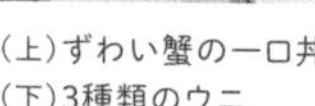

（上）ずわい蟹の一口丼
（下）3種類のウニ

　スプーンを添えられて出された小鉢は「ずわい蟹の一口丼」で、甘く濃厚なウニソースでいただく贅沢な一品。

　ウニソースがおいしかったので、コースに追加して「ウニの食べ比べ」をお願いしてしまいました。「バフンウニ」「むらさきうに」「塩水のむらさきうに」を、それぞれ軍艦ではなく、握りでいただきます。みんな違って、全部おいし

（上）穴子
（下）トロたく巻きキャビアのせ

い……。
大トロ、軽く酢じめしたイワシ、ツブ貝、白えび、はも、ふんわり甘い穴子などなどたくさんいただいた後、キャビアを載せたトロたく巻きとお椀をいただいてお腹いっぱい。デザートの「ノンアルコールのシャンパンゼリー」を最後に、お店を後にしました。

お酒と、追加したウニと、サービス料を合わせると、まあまあいい旅館に1泊できるぐらいの値段になりましたが「がんばった自分へのご褒美」にふさわしい、贅沢な気分を味わえて満足です！　近所にいいお店ができたことがうれしいし、頻繁には通えないけど、きっとまた足を運びたいと思いました。どうか、この街に根付いて息の長いお店になってくれますように。

食いしん坊のルーツ 酒田のフレンチレストラン

ル・ポットフー

〒998-0023
山形県酒田市幸町
1-10-20
☎0234-26-2218

「フランス料理」に憧れがありました。いつだかわからないぐらい、ずっと以前から。
かつて、いわゆるバブル期には「高級フレンチを食べて高級ホテルに泊まる」のが、女性が憧れるデートプランだったらしいと聞きますが、私はその世代には当てはまりません。ですが私の中にはずっと以前から、フランス料理のテーブルセッティング、繊細な盛り付け、バターと生クリームがたっぷり入ったクリーミーな

ソースやスープなどなど、普段の食習慣とはかけ離れた世界への憧れが息づいていたのです。

その謎はある日、一冊の本を読んで解けました。『世界一の映画館と日本一のフランス料理店を山形県酒田につくった男はなぜ忘れ去られたのか』(岡田芳郎著)という、長いタイトルの本を書店で手にとったのは「酒田」という馴染み深い街の名前が目に入ったからです。酒田市は、子供の頃から週に1度、ピアノと歌を習いに通った思い出深い街でした。

その本は佐藤久一(きゅういち)さんという、20年ほど前に亡くなった酒田出身の実業家の評伝でした。あの淀川長治氏に「世界一の映画館」と評された革新的な映画館「グリーンハウス」と、「ル・ポットフー」というフランス料理の名店を酒田につくった方の生涯を追ったものです。

「ル・ポットフー」は食通をうならせた名店とのことなのですが、何か聞いたことあるんだよな、と思いつつ読み進めていくと、よく知る名前が本の中に出てきたのです。それは、かつて私が通っていた音楽教室を主宰されていた先生。先生は、若い頃ル・ポットフーでピアノや歌の演奏をしていたのでした。

そう言えば年に1度の発表会のあと、ホテルの宴会場に集まって夕食を食べる会があり、毎年楽しみにしていました。その食事会の料理を提供していたのが、ル・ポットフーだったのです。

本によれば、佐藤久一さんは「酒田の若者は、少年少女の頃から本物の料理を味わい、知らず知らずのうちにおいしいものを見抜く舌を持ち、マナーをわきまえた一人前の人間に育ってほしい」と、考えていたそうです。おそらくあの食事会も、そういう目的で開催されていたのでしょう。

ということは、私の食いしん坊のルーツはもしかして、ル・ポットフーにあるのではないですか？　そう考えると俄然(がぜん)行ってみたくなりました。宴会場で料理をいただいたことはあっても、お店に伺ったことは1度もないのです。

行ってみたい……けれど、実家の親は高齢でフレンチなんてつきあってくれないし、声をかけられる友人も地元にはいません。これはもう、一人で行くしかない。けど、フレンチって一人で行っていいものなんでしょうかね？

行きたい……でも……と悩んでいたある日「酒田駅前を再開発することになり、ル・ポットフーが入っているホテルの建物も取り壊される」というニュースが入ってきたのです。そうなったらお店はどうなるんでしょうか？　これは、行かねば！

意を決して、帰省の折に予約の電話をかけました。ランチで伺うことも考えましたが、どうせなら夜に、フルコースのメニューをいただきたいと思ったのです。次行ける日があるかわからないんだし！

「明後日の夜、18時から予約をお願いしたいん

ですが……」

「かしこまりました。何名様でしょうか？」

「……一人なんですけど、大丈夫ですか？」

遠慮がちに尋ねると、一呼吸おいて電話の向こうから力強い声が聞こえました。

「もちろんでございます！」

なんだか、ものすごくホッとしたことを覚えています。

当日はやはり緊張していたのですが、サービスの方々の接客態度が温かく、店内で唯一の一人客だった私にも、良い意味で「普通に」接してくださったので、食事が進むにつれて気持ちもほどけていきました。

料理はもちろん、幼いころのかすかな記憶を裏切らず、特に魚介を使った料理がすばらしかったです。

前菜として提供された、庄内産の野菜がたっぷり添えられたカルパッチョや、メイン料理の香草焼きも。

ガザ海老のうまみがたっぷりのビスクも、デザートのクリームブリュレも全部おいしかったです。

ここの料理を子供のころから食べていたとはなんという恵まれた環境だったのでしょう。それはもう、食いしん坊な大人に育っても仕方ないのでは？と納得しました。

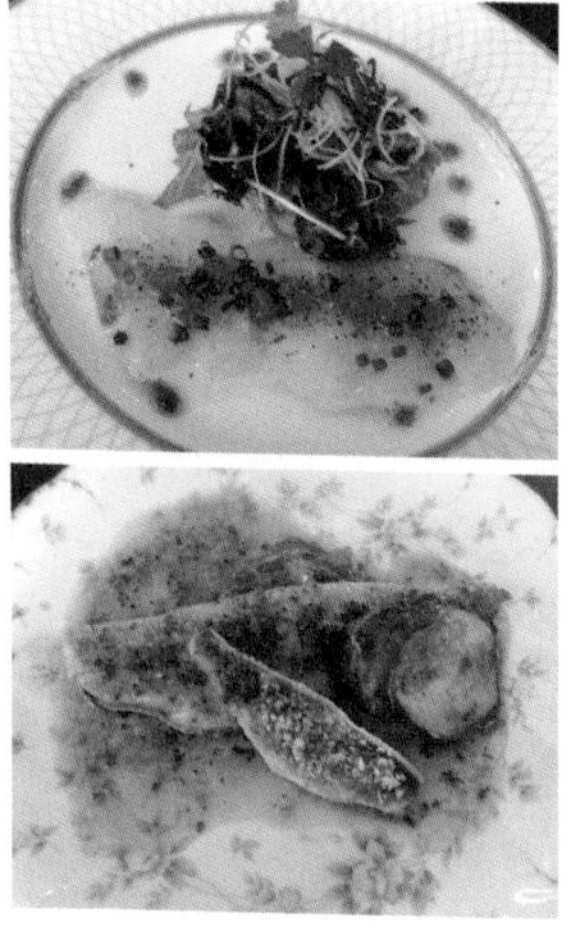
（上）サラダ仕立てのカルパッチョ
（下）香草焼き

会計のときに「上のホテルにお泊まりなんですか?」と聞かれたのですが、ル・ポットフーの上の階はビジネスホテルになっているので、出張や旅行でおとずれた食いしん坊な大人が、一人でおとずれることはたまにあるのでしょうね。本当はちがうのですが、そうだということにしておきました。

そして、思ったのです。今回私は、そう遠くない将来にル・ポットフーの入っている建物が取り壊されるというニュースを知って一人で予約をしました。一人でフレンチに行く、というプレッシャーはもちろんありましたが「2度と行けないかもしれないから行きたい」という思いに比べたら、小さなことだったのです。そして、行ってみたらやはり楽しくて「また行きたいな」と素直に思っている自分がいました。

しかし、考えてみると「旅先で立ち寄る店」はすべて「2度と行けないかもしれないお店」だと言えるのではないでしょうか。次、いつまたここに来れるかはわからないから、勇気を出して行ってみよう! きっと旅先ではそういう意識が働いて、いつもなら尻込みするような店であっても、足を踏み入れることができるのではないか、と。

それならば、ですよ。住む街の近くにある「行ってみたいけど、一人で行くのはちょっとなあ」というお店にも「旅人の気持ち」になれば思いきって飛び込むことができるのではないでしょうか。

もし自分が「ひさびさに東京に来た旅行客」だとしたら、都内の行ってみたいお店に、たとえそれが一人では行きづらいような高級店であったとしても、ダメ元で予約の電話をしてみるのではないかと思うのです。

東京に戻ったら「私は今、旅の途中なんだから」と思い込んで、行ってみたいけど勇気が出なかったあのお店に電話をしてみようかな、と思いました。

※ル・ポットフーは２０２０年５月に旧店舗での営業を終了し、２０２０年11月28日より新店舗での営業開始を予定しています。

第2章

ひとり温泉

湯治宿に高級旅館、
大型温泉ホテルに温泉民宿など、
宿のタイプはさまざま
ひとりでも心地良く過ごせる、
ちょうどいい温泉宿を
見つけよう

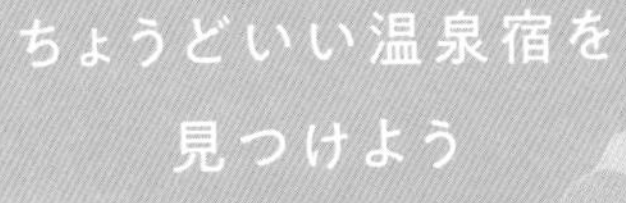

温泉宿って一人で泊まってもいいんですか？

大学進学と同時に上京し、ひとりご飯やひとり酒を楽しむことを覚えた私ですが、学生時代は温泉宿に泊まることも、東京を離れて旅に出ることもありませんでした。

旅行する習慣がない家に育ったので旅の経験値が低かったのもありますが、一番の理由は東京が好きで、東京にいることで満たされていたからです。東北の田舎町で生まれ育った私にとって東京は、住んでいてもなお憧れの地であり続け、それは学生時代を通して変わることはありませんでした。好きなアーティストのＣＤを買ってライブに行き、洋服や本、パソコンを買い、好きなお店でご飯を食べたりお酒を飲んだり。アルバイト代は「東京を楽しむ」ための出費に消えていき、旅行に行くお金など残りませんでしたがそれで満足していたのです。

温泉旅のはじまりはふたり旅だった

いわゆる就職氷河期でしたので苦労はしましたが、どうにか社会人になった私は当時つきあっていた恋人と一緒に、年に一、二度、温泉旅行に出かけるようになりました。学生時代から温泉は好きで、日帰り温泉施設でバイトをしていたぐらいなので、遠出するなら温泉宿に泊まりたいと思ったのです。

休日の朝早くに家を出て目的地に向かい、現地の名産品を食べたり近くの観光名所に寄ったりという一般的な旅程だったのですが、帰る頃には驚くほど疲れ果てていました。まだ20代半ばで、今よりもずっと若かったにもかかわらずです。「もしかしたら自分は、旅に向いていないのかもしれない」とその頃は思っていました。

ですがその彼とお別れした後、学生時代からの女友達と二人で温泉に行ってみたら、同じ1泊2日の温泉旅行なのに大して疲れなかったのです。いったい何が違ったのでしょうか？

改めて思い返してみると私は、いわゆる「観光」に興味がなく、寺社仏閣も美術館も「せっかく来たんだから、あそこには行っておかないと」と言う彼につきあって足を運んでいただけでした。最大限あちこちを回るために、夕食に間に合うギリギリの時間にチェックインし、朝食を食べてすぐにチェックアウトしたこともしばしばでしたが、本当は、もっと宿での時間をのんびりと過ごしたかったのです。友人との旅行では宿で過ごす時間をできる限り長く取ったのが良かったんだなと思いました。

また友人は「自分で旅行の計画を立てたり手配したりできない」タイプの人ですが、私の立てた計画に異を唱えることはなく、どこへでも「おもしろそう！」と言ってついてきてくれました。遠くの温泉に安く行きたくて夜行バス移動を提案しても「公園のベンチでも熟睡できるからぜんぜんＯＫ」と笑っていたし、手配した宿がちょっと微妙で「こんな宿を選んじゃってごめん」と責任を感じているときでも、彼女は「この宿のご主人、火曜サスペンス劇場に出てきそうで超ウケる」などと、勝手に楽しみを見つけてくれるので楽でした。

宿での滞在中もずっと一緒にいるわけではなく、それぞれ好き勝手に過ごし、「観光名所に行きたい」とリクエストされることもなかったので、旅先の街でも喫茶店でお茶したり、本屋で立ち読みしたり。それがとても楽で、楽しかった。

ふたり旅が楽しかったので、それからしばらくは頻繁に温泉旅を計画するようになったのですが、友人に結婚を考える恋人ができたことをきっかけに、それまでのように気軽に旅に誘えなくなってしまいました。

寂しいけれど、友人の幸せを祝わなくてはなりません。

でも、彼女との旅が楽しすぎたので、他に一緒に温泉宿に泊まりたいと思える相手は思い当たりませんでした。ですが、行きたい温泉はまだまだあります。試しに会社の同僚と一緒に旅してみたりもしましたが、何かしっくり来ないのです。

たぶん私は、すごくわがままなのでしょう。人に合わせるのはとにかく苦手で、自分ですべて計画して、自分の行きたいところにだけ行きたい。

もしかしたら、友人と距離が空いてしまったこのタイミングで、彼女と同じぐらい気のあう男性と巡り会うことでもあれば、その後の人生も旅の方向性も大きく変わったかもしれません。しかし、奇跡の出会いはおとずれず、それならばもう温泉にも一人で行くしかないのではないか、と思いました。

身延線特急「ふじかわ」にはしゃぐ友人

今も忘れられない、初めての温泉ひとり旅

「一人温泉」の原点となったにごり湯の宿
栃木県・日光湯元温泉 紫雲荘

初めて一人で泊まった宿は、栃木県の日光湯元温泉にある全8室の小旅館「紫雲荘」です。私自身はそろそろ20代後半に差しかかるころで、季節は夏の終わりでした。

宿を選ぶ際に決め手となったのは「にごり湯の硫黄泉」で「部屋食」ということでした。色も香りもいかにも温泉らしい白く濁る硫黄泉に、このときの私はまだ浸かったことがなく、憧れがあったのです。関東地方でにごり湯の硫黄泉を楽しめるのは神奈川県の箱根温泉（強羅・仙石原）、群馬県の草津温泉、万座温泉、栃木県の那須湯本温泉、そして日光湯元温泉などが思い浮かびますが、当時は「箱根」「草津」「那須湯本」では一人で泊まれる宿があまりなく、万座は大型のホテルが多くて食事は大広間やレストランでいただくところがほとんどでした。そんな中で土曜日でも一人で泊まれるプランが出ており、かつ夕食・朝食共にお部屋に運んでいただける宿が、日光湯元温泉の

〒321-1662
栃木県日光市湯元2541-1
☎0288-62-2528

120
湯川
湯ノ湖

紫雲荘だったのです。

午前7時30分に新宿駅を出発する特急「日光」に乗って、約2時間の乗車で東武日光駅へ。駅の窓口で日光湯元温泉までのバス路線が2日間乗り放題になるフリーパスを買い、売店で鱒寿司を買ってバスに乗ります。そのまま湯元温泉まで乗っていくとかなり早く着いてしまうので「竜頭の滝」というバス停で途中下車し、近くを歩いてみることにしました。

川沿いの遊歩道を歩いていくと、川の流れが恐ろしいほどに澄み、周辺の木々の緑が陽の光を受けて輝く「ここは日本か？」と疑いたくなるほど美しい光景に出会います。車道から10分も離れていない場所だというのにその美しさは目を見張るほどで、深く心に刻まれました。

周辺の景色に見とれつつ歩いていくと、木のテーブルとベンチがあったので、駅で買った鱒寿司を食べることにしました。この鱒寿司がまた、驚くほどにおいしいのです。美しい景色の中にいるからおいしく感じるのかな？と思いましたが、後から調べてみると「日光鱒寿司本舗」という弁当屋さんの有名な駅弁だったようです。寿司飯の間に日光名物の湯波が挟み込まれているのもよかったですね。

30分ほど遊歩道を歩いて「赤沼」というバス停からまた、湯元温泉行きのバスに乗車します。1時間に1～2本程度運行しているので、好きなところで降りてちょっと歩いてまたバスに乗る、という楽しみ方ができるのがとてもいいなと思いました。朝

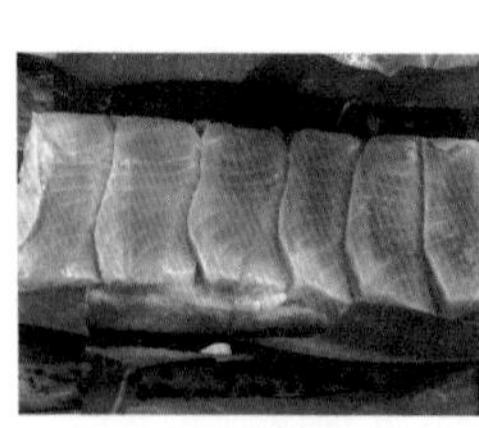

早い電車に乗って日光に来たのは、新宿から乗り換え無しで行ける直通の特急がそれ1本だけだったからなのですが、早起きしたおかげで思いがけず楽しい時間を過ごすことができました。寺社仏閣や観光名所には興味ないけれど、自然の中を歩くのは楽しいじゃないか、などと考えつつ、バスは日光湯元温泉に到着します。

「紫雲荘」では、感じの良い女将さんが出迎えてくれました。部屋に案内していただき、お茶を淹れて室内の説明を終えた女将さんがそっと出ていくと、それからは、一人です。

さて、どうしましょうか。淹れていただいたお茶をすすり、蝉の声を聞きながらぼんやりと考えます。

もちろん、まずはお風呂でしょう！

温泉宿で過ごす時間はあっという間

一人で温泉宿に泊まるのが好き、と言うと「退屈じゃないの？」と言われることがあるのですが、やることがなくて退屈、と思ったことはこれまで一度もありません。というのも温泉宿では、食事の時間や入浴可能な時間、男女の浴室が入れ替わる時間、貸切風呂に入れる時間、食後のコーヒーがいただける時間などがあらかじめ決まっています。休日、家にいれば好きなタイミングで飲んだり食べたりお風呂に入ったりできるのが、宿での滞在中はある程度タイムスケジュールに沿って動かなければなりません。自由に過ごせる時間はその合間の時間ということになるので、滞在中に「やる

日光湯元温泉バス停

部屋でお茶をいただく

ことがない時間」というのは少ないのです。

いつも、できる限り早いタイミングでチェックインするのですが、部屋に案内されたらまずは30分ぐらいお茶菓子をいただきつつお茶を飲んでまったりし、それから浴室に向かいます。

紫雲荘には男女別の内湯と、空いていれば貸切で利用できる露天風呂が1つあります。白濁した硫黄泉をイメージして来ましたが、この日のお湯の色はほんのり青みがかった半透明のお湯でした。硫黄泉のにごり湯は、湧き出た瞬間は透明な硫化水素が空気に触れて時間が経つことで化学変化を起こし、白く濁るのだそうです。紫雲荘は日光湯元温泉の源泉地のすぐそばにあり、湧き出たばかりの源泉が浴槽に注がれているため、日によっては濁りがほとんど見られない日もあるようでした。新鮮な硫黄泉をたっぷりと楽しんで、ちょうど空いていた貸切露天風呂も使わせてもらい、部屋に戻るとすっかり夕方。夕食の時間まで1時間もありません。テレビを点けて、普段は見ることのない休日の夕方のバラエティ番組なんかを眺めつつ、冷蔵庫のビールをひと口、ふた口飲んでいたら、女将さんが夕食を持ってきてくれました。

日光名物の湯波をふんだんに使った料理は、どれもこれも優しいお味。旅館の食事と言えば量が多すぎて苦しくなってしまうイメージがありますが、紫雲荘の夕食は適量で野菜もたっぷり。食べ盛りの男性は物足りなく感じるかもしれませんが、最後に

出てくる白いご飯がめちゃめちゃおいしいので、そこで調節できます。

食後はお布団にごろり。早起きしたのでそのまま寝てしまい、気づけば朝。朝風呂でもう一度、貸切露天風呂に入ることにしました。

内湯は青かったのですが、露天風呂のお湯は、思い描いていたとおりの「白濁した硫黄泉」でした。草津をはじめ、にごり湯の硫黄泉は酸性泉のことが多いですが、日光湯元温泉の源泉はpH6・5とほぼ中性です。そのせいか湯上がりは肌がサラサラ、すべすべになりました。

朝風呂の後は朝食をいただきます。バナナやキウイフルーツがたっぷり入ったヨーグルトがうれしい。

朝食に出た巻き湯波の含め煮は、このとき初めて食べたのですが大変気に入りました。日光市内のお店でパック入りのものが購入できるので、自分用のお土産にしたほどです。

朝食後はもう一度お風呂に入って、青みがかった極上湯を名残惜しく味わい、10時ギリギリにチェックアウト。10時過ぎのバスは混みそうなので1本遅いバスに乗ることにして、小一時間、奥日光を散歩することにしました。

気に入った宿には季節を変えて、何度も泊まりたい

宿から徒歩5分のところにある「湯ノ湖」は、湯元温泉の源泉も流れ込むという湖

ですが、夏の光が水面に反射して美しいです。

標高1500メートルという高地なので残暑厳しい時期なのにとても涼しく、本当にいいときに来たなあと思いました。初めての一人温泉旅が、こんなすばらしい温泉地のすばらしい宿で、しかも一番いい季節に来れてよかった。そう思いながらバス停に戻ると、待合所のベンチで年配のご夫婦と隣り合わせて、奥様に話しかけられました。

「一人で来たの？　このあたりは何度目？」

「初めて来たんです。一人旅は自由でいいわよねえ。すごくいいところでとても気に入りました」

「じゃあ次はぜひ、冬に来るといいわよ。私は奥日光は冬が一番好きなの。雪に包まれて、とても静かで」

奥日光の冬。夏でさえもこれほど涼しいのですから、きっとものすごく寒いのではないでしょうか。でも、雪に包まれてしんと静まり返った奥日光は、それはそれでとてもすばらしい気がします。紫雲荘のあの小さな露天風呂で熱いお湯に浸かりながら降り積もる雪を眺めてみたい！　そう強く思いました。

それから私は、季節を変えて何度も日光湯元温泉をおとずれ、紫雲荘に泊まっています。最初に泊まってから10年以上の月日が流れていますが、女将さんはいつ行っても最初に泊まったときと同じように感じ良く出迎えてくれ、お茶を淹れてもてなしてくれます。いつの間にかＷｉ－Ｆｉが使えるようになっていたり、お酒のメニューが充実していたり、地道な進歩を重ねているのもとてもすばらしいなと思います。

右が巻き湯葉の含め煮

湯ノ湖

もう10回ぐらい泊まっているので、きっと私のことも覚えてくださっているのではないかと思うのですけど、けして常連扱いすることもなく、不思議なくらいいつも「はじめまして」という雰囲気で迎えてくれるのが、個人的にはとても好きです。

一人で飲みに行ったり旅行をしたりする人の中には、何度も通ううちに「常連客扱い」されるようになることを居心地よく思う人と、そうではない人がいます。おそらくそうではない人に合わせてくださっているのだろう、と思っているのですが、もしかしたら単にシャイな方なのかもしれません。ですが、紫雲荘の女将さんに「はじめまして」という雰囲気で迎えられる度に私は、もう10年以上前のすばらしく楽しかった初めての一人温泉旅、私の旅の原点とも言えるあの夏のことを思い出して、いつも心が震えるのです。

すばらしいお湯は、明日を生きる力をくれる

極上の湯に浸かれば仕事の悩みもとけていく

山梨県・石和温泉　旅館 深雪温泉

〒406-0031
山梨県笛吹市
石和町市部822
☎055-262-4126

実は、一人温泉旅に行き始めた20代後半頃は、仕事についての悩みや迷いが多かった時期でもありました。

20代の半ば過ぎまでは「なんとか就職できたんだからしがみついてがんばらなければ！」という思いが強かったので、深夜残業も休日出勤も厭(いと)わずがむしゃらに仕事に励み「この職場では成長できない！」と思ったら転職もしました。「仕事のできる大人になりたい」という目標に向かって突き進んでいたその頃は、ある意味迷いはありませんでした。

しかし、そんな生活を続けていたら体調を崩してしまい、それまでは「やりたい仕事」や「自分の成長」にこだわっていたのが、初めて「給与と休暇」を重視して転職したのが20代の終わりのこと。そこで時間とお金に余裕が生まれたので、ちょくちょく一人

温泉旅に出かけるようになったのです。

もうすぐ30歳、同世代の友人たちにも結婚する人が増えてきました。実は、子供の頃から一人でいるのが好きだった私は「家に帰ったら常に誰かがいる生活はしんどいし、結婚はしないんじゃないかなあ」と思っていました。仕事をがんばっていたのは結婚せずに一人でも生きられる基盤が欲しかったから、という理由も大きかったのです。

今の勤め先でずっと働き続けることができれば、一人で生きていくこともできるかもしれません。ですが、何とかしがみついてはいたものの、思い描いていた「仕事のできる人」と、そのときの自分はかけ離れていました。このまま仕事を続けていて、本当に一人で大丈夫なのか？　不安になって婚活を始めてみたりもしました。そして当然のように、好きでもない相手とコミュニケーションを取らざるを得ない婚活にも疲れていました。

そんな20代の終わりの、ある金曜日の朝のことです。季節は冬でした。目が覚めて時計を見ると、既に家を出なければならない時刻を過ぎていました。

ああ、やってしまった……。体調が悪いと言って遅刻して行くしかないか、と起き上がろうとしたそのとき、本当に自分が、疲れきっていたことに気がついたのです。仕事がうまくいかないプレッシャー、婚活疲れ、おまけに当時は上長との折り合いも悪く、週に一度二人きりで行う進捗報告が嫌で仕方なかったのですが、金曜日はその憂鬱な会議がある日でした。

いいや、休んじゃお。本当に、疲れているんだもの。

会社に体調不良で休む旨を連絡し、もう一度ベッドに横になると「休んだはいいものの、このしわ寄せが月曜日に来るわけか……」と、後悔が押し寄せてきます。2時間ほどうとうとして目が覚めると、今度は不安になってきました。月曜日、私は気持ちを切り替えて会社に行くことができるのでしょうか？

そうだ、今から予約して今晩泊まれる温泉宿があったら、泊まりに行ってみるというのはどうだろう。

ふと思い立って予約サイトで検索すると、以前から泊まってみたいと思っていたけれど、土曜日は一人泊の予約を受け付けていないためになかなか泊まれなかった宿がヒットしました。それが、山梨県石和温泉にある自家源泉の宿「旅館 深雪温泉」でした。

思い立って30分後に家を出て山梨へ向かう

自宅から最寄り駅の石和温泉駅までは特急で1時間半ほどです。駅前にはスーパーもあるし、忘れ物をしても困ることはないでしょう。荷造りも面倒だったので替えの下着だけを通勤バッグに入れて家を出ます。中央線特急「かいじ」に乗り、石和温泉駅で降りるとスーパーでコンタクトレンズの洗浄液を買いました。思い立って30分後に出かけられる身軽さは、誰かと予定を合わせる必要のない一人旅ならではだなと考えながら。

当日の午前中に夕食付きのプランで予約したので、ちゃんと予約されているか、夕食を出してもらえるのか少し不安だったのですが、杞憂（きゆう）でした。チェックインすると地元の気さくなおばちゃんという雰囲気の女性スタッフの方が部屋まで案内してくださいます。昔ながらの建物のようですが、泊まる部屋はきちんと手を入れてあり、新しくきれいな和室でした。

案内の際、「夕食後に男女の浴室が入れ替わって、広いほうの風呂が女湯になるのでぜひ入ってみてくださいね。夜通し入れますので」と教えていただきました。夕食前に入った浴室も十分に広く、湯量豊富ですばらしかったのですが、これよりすごいっていったいどんなお風呂なんだろう?と期待しつつ夜を待ちます。

夕食はお部屋に運んでいただきました。やはり部屋食は落ち着きます。山梨県の地酒「七賢（しちけん）」を含む利き酒セットを注文し、甲州牛のステーキや岩魚（いわな）の塩焼きなど、温泉宿らしい料理をたっぷりといただきました。

利き酒セット

食事の最後には、卓上で炊き上げた釜飯まで出てきて、かなりお腹がいっぱいになりました。

夕食後、敷いていただいた布団に寝転がりながらテレビを眺めていると、フィギュアスケートの大会を放送していました。

当時私は高橋大輔選手のファンで、彼が出場する大会はすべて録画して見ていたのですが、録画ではなく放送日当日にフィギュアスケートを見たのはいつぶりのことでしょう? 録画で見るときは順位も既にわかっているし、よく知らない選手や下位の選手は早送りしてしまうこともありました。でも、結果がわからない今日は少し緊張して、すべての選手の演技を楽しみに見ていられます。当たり前のことのようだけれど、慌ただしい日々に追い立てられるうちに自ら排除してしまっていた楽しみでした。それを、今日ここに来たことで取り戻せたんだなあ……。

勇気を出して深夜の露天風呂へ

テレビを見ながらごろごろしていたら、酔いが醒めるよりも先に寝てしまいました。目が覚めると、午前3時。

夜中も夜中ですが、チェックインの際に強くおすすめされた「広いほうの風呂」にまだ入っていません。きっとこの時間なら誰も入っていないでしょう。すばらしいと噂の風呂を独り占めしてみたいと思い、少しドキドキしながら部屋を出て、一階にあ

甲州牛のステーキ

卓上で焚いた釜飯

る浴室に向かいます。

脱衣所の戸を開けると、思ったとおり誰もいませんでした。

しんと静まり返った脱衣所で服を脱ぎ、そっと浴室の扉を開けると、まるで滝が落ちるような水音が浴室中に響き、ほんのりと油のような香りが漂います。後で知ったのですが、深雪温泉は「1分間に1415リットル（ドラム缶7本分）」という恐ろしい湧出量を誇る宿なのです。浴槽の縁からはかけ流されたお湯がどんどん溢れ出していました。さらにシャワーやカランのお湯も源泉なのです。

深雪温泉には36度と50度の温度の異なる2つの源泉があり、混ぜ合わせることによって入浴にちょうどいい温度に調節しています。源泉が熱すぎるために水を足したり、投入量を調節したりする宿も多いですが、そのことで源泉の濃さや新鮮さが多少、失われてしまうことは否めません。深雪温泉は異なる温度の2本の源泉があることで、大量のお湯を注いでもちょうどいい温度で入れるようになっているのです。

やや熱めの内湯で温まった後は露天風呂へ。街中の温泉宿とは思えないほど広々とした露天風呂は「熱い源泉」と「ぬるい源泉」がそれぞれ落ちてくる湯口の距離が離れているため、浴槽の中でも場所によってお湯の温度が異なります。自分の中でベストな温度、ややぬるめでいつまでも浸かっていられる場所が見つかったところで、私は浴槽の壁にもたれかかりました。

真夜中の大浴場に一人で来るのはちょっと勇気がいったけど、来てよかった。

広い内湯

深夜の露天風呂

ああ……今、誰に邪魔されることもなく私は、どこまでも一人だ。
やっぱり、一人は楽しい。
これで、いいじゃないか！

積み重なった日々の疲れで今朝は「ベッドから起き上がれないかも」と思っていたはずでしたが、すばらしいお湯に一人で浸かったことで、その疲れがお湯にとけていくような感覚を覚えました。

とりあえず、月曜日は会社に行ける気がしてきました。もしかしたらまた、疲れて起き上がれないと思う日が来るかもしれないけれど、そのときは会社を休んでここに来ればいい。私はいつだって一人で、このすばらしい温泉に入りに来ることができるんだ。そう思ったらなんだか気持ちが楽になったのです。部屋に戻って布団に入り、朝まで死んだように眠りました。

深雪温泉では朝食は部屋食ではなく広間でいただくのですが、このとき私は朝食を申し込んでいませんでした。今でこそ、宿の食事処で一人で食事するのも平気になりましたが、当時は一人旅の経験値が高くなく、周囲の目が少し気になったのです。目が覚めた私は、他の宿泊客が朝食を食べている時間帯にまた、広いお風呂に入りに行きました。

朝の光に満ちた露天風呂に浸かりながら「すばらしいお湯は生きる力をくれるんだ

朝の露天風呂

なあ」と思ったものです。

旅館深雪温泉にはその後も何度か泊まりに行ったのですが、そのうち広間での食事に抵抗がなくなったので朝食もいただくようになりました。

明太子やとろろなどご飯の進むおかずのほか、温泉湯豆腐や「せんだい屋」という納豆専門店のさまざまな納豆を選べたりと、品数豊富で元気が湧いてくるような朝食ですので、すばらしい温泉とセットでぜひ多くの人に味わっていただきたいです。

品数豊富な深雪温泉の朝食

温泉宿に連泊するとき、何をして過ごす？

あの風呂がなくなる前に……初めての連泊

岩手県・鉛温泉 藤三旅館

一人で温泉宿に泊まる経験を重ねるうちに、温泉に入れるさまざまな宿に泊まってきました。いわゆる「温泉旅館」以外だと、温泉付きの民宿やビジネスホテル、公共の宿、大型の温泉ホテルなどでしょうか。

宿のタイプによって楽しみ方は微妙に変わりますので、温泉旅行が好きな方の中には「こういう宿が好き！　こういう宿は苦手！」という好みがある方も多いと思います。たとえば「テレビも携帯の電波もない秘湯の宿」が好きな方や「露天風呂付きの部屋じゃなきゃ！」という方、「家庭的な小さな宿の常連になりたい」方。あとは「大きいホテルは落ち着かないからちょっと苦手」という話を聞くこともありますね。

私はと言えば「お湯」か「食事」のできれば両方ですが、片方だけでも強く惹（ひ）かれるものがあれば、どんな宿でもこだわりなく泊まって楽しんでしまう、節操のないタイ

〒025-0252
岩手県花巻市
鉛字中平75-1
☎0198-25-2311

プです。「大型ホテル」や「公共の宿」でも、探せばいい宿はあるものだと思っています。

たとえば宮城県作並温泉の「ゆづくしSalon一の坊」は１００室を超える大型の宿ですが、泉質も露天風呂の雰囲気もよく、最近流行りの「オールインクルーシブ」[※1]というスタイルを取り入れたりと進化を重ねているとても居心地のいい宿でした。

公共の宿では、岩手県の休暇村網張温泉や鹿児島県の休暇村指宿などは、お湯がすばらしく、食事にも工夫が感じられるのに比較的リーズナブルに泊まれる良い宿です。

温泉付きのビジネスホテルでは、鹿児島県の「シルクイン鹿児島」、それに大分県別府市内の「ホテルエール」などが良かったです。寝具なども上質で部屋も快適、かけ流しのすばらしい温泉に浸かれるのに宿泊料金は一般的なビジネスホテルと変わらないのですから夢のような話です。早朝に出発したいときや、到着が遅くなったり外で夕食を食べる必要があるときなどは、やはりビジネスホテルは便利だなと思います。

温泉付きの民宿には、実を言うとはじめの頃は苦手意識がありました。好みの問題だとは思いますが、私は飲食店でも何でも、良く言えば気さくでフレンドリー、悪く言えば馴れ馴れしい感じのお店があまり得意ではないのです。だから口コミを読んで「田舎の親戚の家に遊びに行ったかのような」と書いてあったりすると「親戚みたいに扱われるのは嫌だな、やめておこう」と思ったりしていたのですが、これもよく探せばすばらしい民宿があるものです。長野県上諏訪温泉の「民宿すわ湖」や、鹿児島県指宿温泉の「民宿たかよし」は、つかず離れずの心地良い接客でお湯も良く、普通の旅

※1　ドリンクや館内施設の利用料金などがすべて、宿泊料金に含まれる宿泊スタイル

館なら素泊まりのような料金で2食付きで泊まれて、しかも食事はおいしくボリュームもある！というすばらしい民宿でした。

どんなタイプの宿であってもいい宿はあるので「泊まった宿にあった楽しみ方をしたいなあ」と思うし、あるいは「こういう旅をしたいというイメージがあるときは、それにフィットする宿を選びたい」と思っています。一人温泉旅を始めて10年以上経ちますが、まだまだ泊まりたい宿はたくさんあり、いつかはあの宿に泊まりたい、こんな温泉旅をしてみたい、と暇さえあれば妄想している毎日です。

一人で温泉宿に連泊して何をするの？

「いつかは……」と思いつつ、いまだに経験できていない、憧れの温泉旅のスタイルに「連泊湯治」があります。同じ宿に数日、できれば1週間以上連泊するというものです。会社員の身ではなかなかまとまった休みは取れませんし、3泊ぐらいできそうなときでも、同じ宿に連泊するよりもつい、いろんな宿に泊まってみたい気持ちが勝ってしまいます。それでも「いつかは……！」と思い続けてはいるのですが。

というのも、私が温泉好きになったきっかけの一つに、祖父が近場の温泉に一人で湯治に行っていたことがあるのです。料理も洗濯もできない祖父は食事付きプランで長逗留し、数日に一度洗濯済みの衣類を母が届けに行っていたのですが、子供の頃、母について祖父の泊まっている宿に行き、温泉に入って食堂でカツ丼を食べたりしたことが、楽しい思い出としてずっと心に残っていました。温泉宿っていいところだなあという最初のイメージは、そのときに作られたように思います。

ただ、子供の私は不思議に思ってもいました。宿の部屋にはテレビとお茶セットがあるぐらいで、売店で新聞や雑誌は買えるものの、他に娯楽になるようなものはありません。普段家にいるときは暇があればスロットに行ってしまうのに、こんなところに一人でずっといておじいちゃんは退屈じゃないのかしら？

実は「湯治」と言えるほどの期間ではありませんが、私も一度だけ、温泉宿に3連泊した経験があります。そのときの経験でようやく子供の頃の謎が解け「連泊湯治ってぜんぜん退屈な時間じゃないんだな」と知ることができました。

連泊した宿は、岩手県の鉛（なまり）温泉の「藤三（ふじさん）旅館」です。「白猿の湯」という混浴の露天風呂が有名ですが、他にも、渓流沿いの露天風呂がある「桂の湯」や、滝を眺められる広い内湯の「白糸の湯」など館内で湯巡りを楽しめるほどたくさんの浴室があります。

実は、それらの浴室に加えて２０１４年ごろまでは「河鹿（かじか）の湯」という内湯がありました。藤三旅館の個性豊かな浴室の中では地味な存在だったためかいつも空いており、源泉がややぬるめで優しい肌触りなのが好みだったのですが、建物の改築に伴って閉鎖されることになったのです。それで「なくなる前にあのすばらしいお風呂に存分に浸かりたい」と思って、初めて3連泊することにしました。

3泊４日の行程だと、初日と最終日以外の２日間は丸々宿に滞在することになりま

鉛温泉藤三旅館

す。外出してもいいのですが、終わってみれば出かける暇などありませんでした。

朝食を食べて一休みして温泉に入り、お昼に蕎麦をいただいたらまた温泉へ、風呂上がりに缶ビールを飲んだら眠くなったので昼寝していたらもう夕方！　一風呂浴びたら夕食です。夕食で一杯飲んで眠くなったらそのまま布団に入り、夜中に目が覚めてまた温泉へ。その繰り返しであっという間に時間が過ぎました。

とは言え、もし本当に1週間以上逗留することになったら、そんなにしょっちゅうお風呂にばかり入らなくなるかもしれません。そのときは何をすればいいのか？　私の中では答えは決まっています。「散歩」です。

大人になるとぶらぶら散歩するのが楽しい

実は、この答えを教えてくれたのが祖父でした。「一人で泊まっていて退屈じゃないの？　毎日何をしているの？」と聞いたら「散歩している」と答えてくれたのです。子供だった私には散歩の楽しさがよくわからず、あまり納得いっていなかったのですが、大人になった今ならわかります。祖父が湯治していた温泉地は湯野浜温泉と言い、当時は温泉街にも賑わいがありました。海もすぐ近くで、海産物を食べさせてくれる食事処などもあったと思います。

風呂に入るのに飽きたら旅館の外に出て、温泉街をぶらりと散歩したり、海沿いを歩いて刺身定食や貝焼なんかを食べたり、喫茶店でコーヒーを飲んだり。湯野浜温泉

にはパチンコもスロットもありませんし、普段の生活に比べると湯治期間中はまさに命の洗濯です。ああ、私も湯治してみたい！

もし、1週間湯治できるだけの休みが取れたらどこに行くのがいいだろう？と、ときどき夢想するのです。「散歩できるような温泉街のある街」という観点だと、長野県の野沢温泉なんかはどうだろう？　朝市が楽しい山形県の肘折（ひじおり）温泉や、散歩しながら湯巡りが楽しめる宮城県の鳴子（なるこ）温泉郷もいいなあ。お湯の好みで言えば、私はぬる湯に長時間浸かるのが好きだから、新潟県の栃尾又（とちおまた）温泉や、群馬県の川古（かわふる）温泉もよさそう。でも、川古温泉の周りを散歩したら熊と出会ってしまうかも……。

いつかは……と思い続けてはいますが、叶うのは祖父と同じように定年退職を迎えてからかもしれません。でも、それはそれでいいんだろうなと思っています。

「いつか仕事を辞めたらやりたい！」と強く思うことがあるからこそ「こんな仕事もう辞めたい」と思うことがあっても、

「いや待て。今辞めたとしても『次の仕事どうしよう！』と気になるばかりで長期間湯治になんて行っていられないよ！」

と少し冷静になって、踏みとどまれることがあるのです。

長期間の湯治に行ける日がいつか本当に来るのかはわかりませんが、働き続けるモチベーションをキープするために「いつかは連泊湯治」の夢を見続けることができれば、とりあえずはそれでいいのかな、と思っています。

鉛温泉の夕食

ベーコンエッグがおいしい鉛温泉の朝食

私が1人で泊まったことのある宿から選びました！

ぴったり温泉宿診断

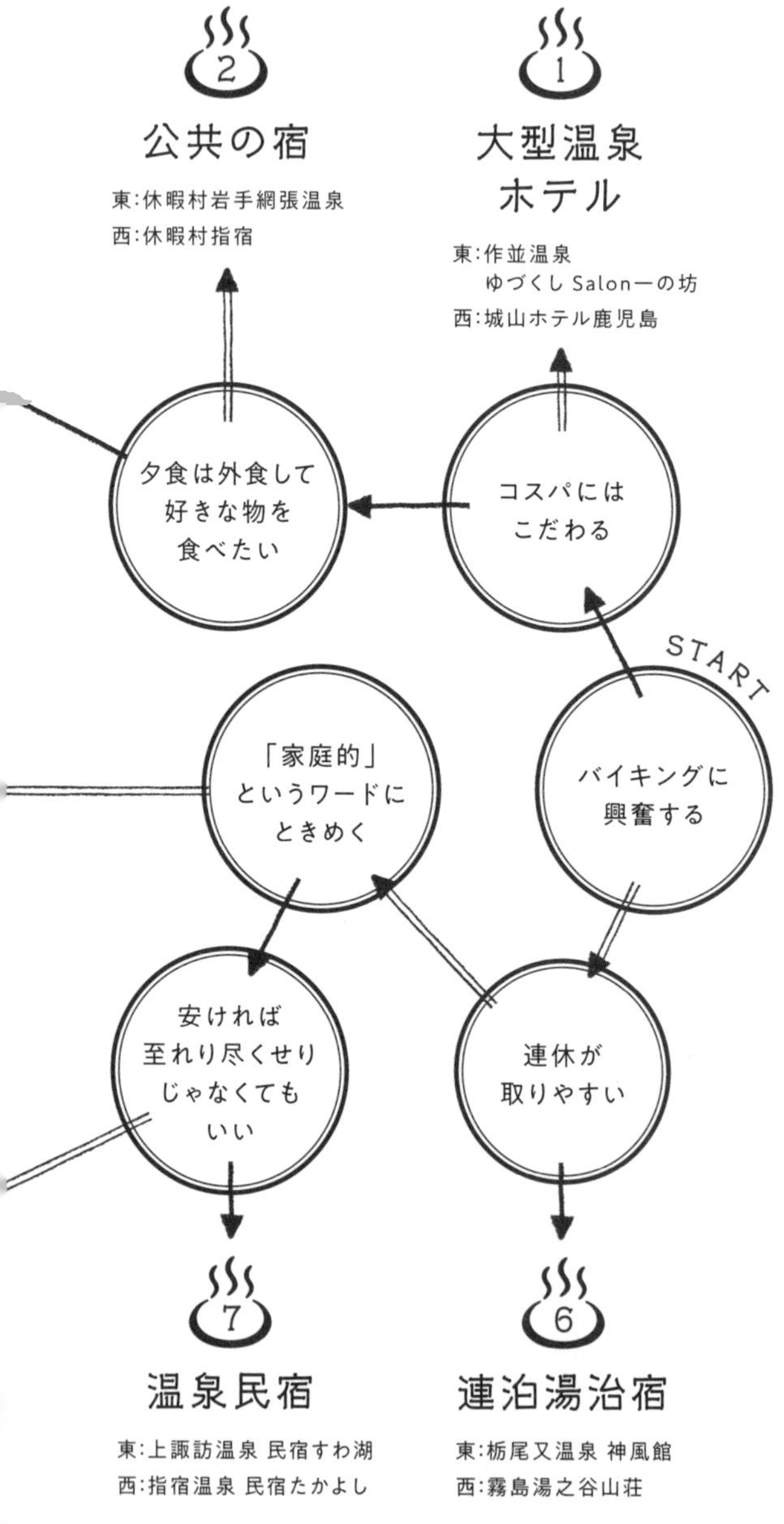

YES
NO

START

バイキングに興奮する

コスパにはこだわる

夕食は外食して好きな物を食べたい

「家庭的」というワードにときめく

連休が取りやすい

安ければ至れり尽くせりじゃなくてもいい

1
大型温泉ホテル
東:作並温泉
ゆづくし Salon一の坊
西:城山ホテル鹿児島

2
公共の宿
東:休暇村岩手網張温泉
西:休暇村指宿

6
連泊湯治宿
東:栃尾又温泉 神風館
西:霧島湯之谷山荘

7
温泉民宿
東:上諏訪温泉 民宿すわ湖
西:指宿温泉 民宿たかよし

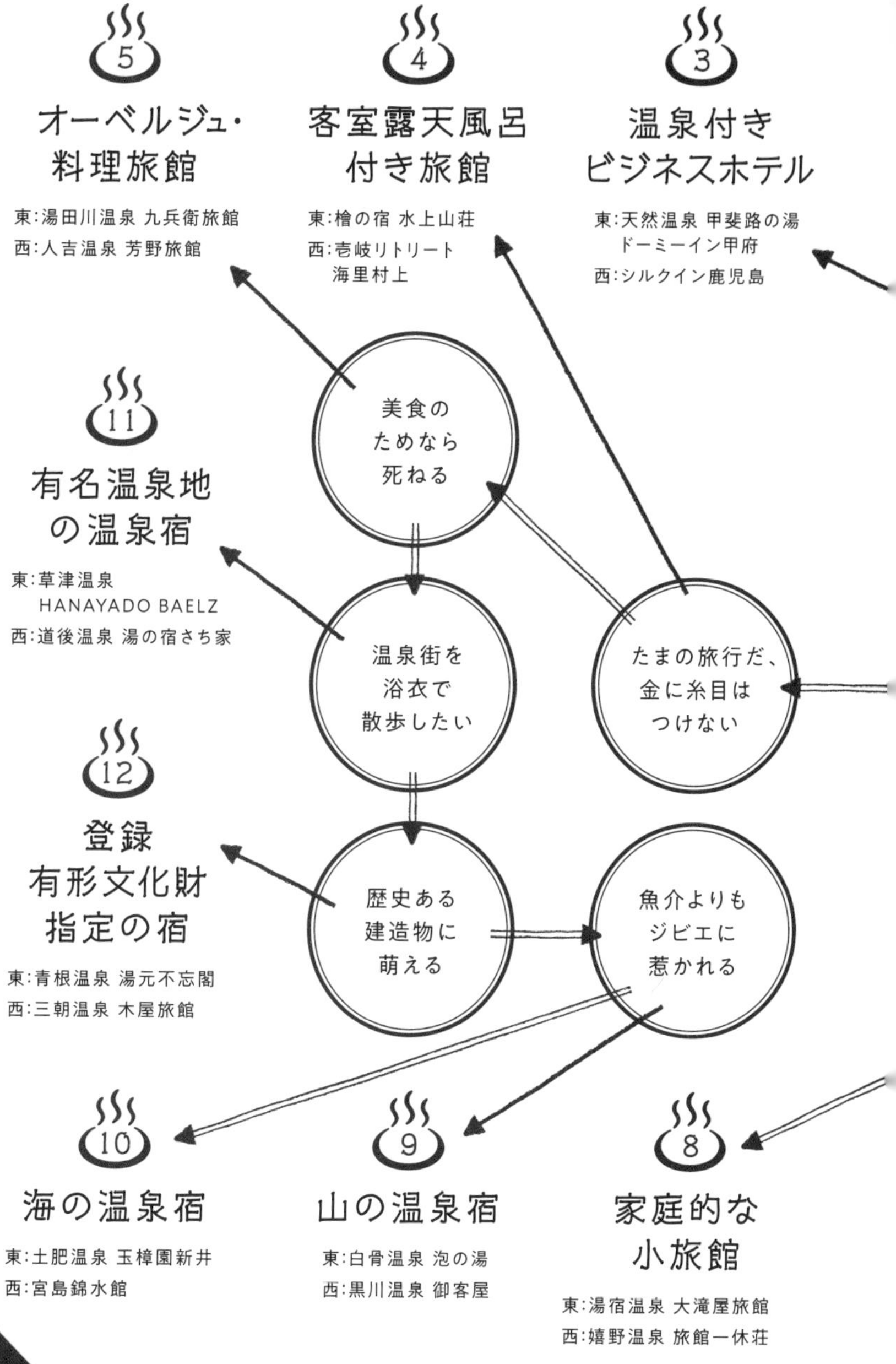

5
オーベルジュ・料理旅館
東:湯田川温泉 九兵衛旅館
西:人吉温泉 芳野旅館

4
客室露天風呂付き旅館
東:檜の宿 水上山荘
西:壱岐リトリート 海里村上

3
温泉付きビジネスホテル
東:天然温泉 甲斐路の湯 ドーミーイン甲府
西:シルクイン鹿児島

11
有名温泉地の温泉宿
東:草津温泉 HANAYADO BAELZ
西:道後温泉 湯の宿さち家

12
登録有形文化財指定の宿
東:青根温泉 湯元不忘閣
西:三朝温泉 木屋旅館

美食のためなら死ねる

温泉街を浴衣で散歩したい

たまの旅行だ、金に糸目はつけない

歴史ある建造物に萌える

魚介よりもジビエに惹かれる

10
海の温泉宿
東:土肥温泉 玉樟園新井
西:宮島錦水館

9
山の温泉宿
東:白骨温泉 泡の湯
西:黒川温泉 御客屋

8
家庭的な小旅館
東:湯宿温泉 大滝屋旅館
西:嬉野温泉 旅館一休荘

1 大型温泉ホテル

東:宮城県
作並温泉 ゆづくしSalon一の坊

滞在中の飲食代が宿泊料金に含まれる「オールインクルーシブ」スタイルの宿。湯上がりの生ビールやアイスキャンディ、夕食の際は宮城の地酒をはじめとした飲み物も無料。ステーキやお寿司は出来たてを味わえる、ビュッフェの食事も大変おいしい。

西:鹿児島県
城山ホテル鹿児島

雄大な桜島の姿が望める露天風呂で有名。レストランやラウンジで館内で醸造しているクラフトビール「城山ブルワリー」がいただける。朝食バイキングは感染症対策も万全で本当に豪華! 鹿児島の食材を使った料理や、ベーカリーで販売しているパンが食べ放題に。

2 公共の宿

東:岩手県
休暇村岩手網張温泉

岩手山麓の登山とセットでも楽しめる公共の宿。野天風呂「仙女の湯」をはじめとした「網張五湯」と呼ばれる5ヶ所の浴室があり、館内で湯巡りが楽しめる。食事はバイキングとコース料理から選択可能で季節を感じさせるメニュー。盛岡駅から送迎バスの運行あり。

西:鹿児島県
休暇村指宿

指宿温泉名物の砂蒸し風呂も楽しめる公共の宿。畳張りの大浴場や海を眺められる露天風呂など温泉も良い。近くに「知林ヶ島」という、日にち限定で干潮時に歩いて渡れる無人島もあり、散策も楽しめる。食事はキビナゴやとんこつ煮など鹿児島らしい料理が並ぶ。

③ 温泉付きビジネスホテル

東：山梨県
天然温泉 甲斐路の湯 ドーミーイン甲府

露天風呂からは富士山を眺められる、甲府市内の温泉付きビジネスホテル。ベッドはシモンズ社製で寝心地良く、繁華街が近いので食事をする場所にも困らない。朝食ではほうとうや鳥モツ煮をはじめとした山梨県の郷土料理が味わえる。

西：鹿児島県
シルクイン鹿児島

鹿児島中央駅から徒歩5分、自家源泉のかけ流しの温泉大浴場のあるビジネスホテル。レディースフロアもあって防犯面でも安心。ホテルの1階のレストランでは鹿児島の郷土料理を提供しており、特に「鶏飯（けいはん）」がおいしい。

④ 客室露天風呂付き旅館

東：群馬県
檜の宿 水上山荘

客室の半露天風呂からも大浴場からも、晴れていれば美しい谷川岳の姿を眺めることができる。すべての浴槽が源泉かけ流しで、シャワーのお湯も源泉！ 個室でいただく食事は見た目にも美しく味も良く、秋は紅葉を眺めながら食事をいただける席もあり。

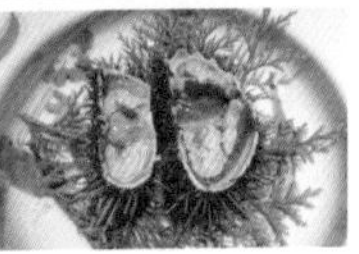

西：長崎県
壱岐リトリート 海里村上

長崎県の離島「壱岐島」の高級温泉旅館。全室かけ流し露天風呂付きですべての部屋に1人でも泊まれる。夕食は和食レストランで、壱岐の赤うにやアワビ、壱岐牛などを使った会席料理。レストランからは海が見え、食事しながら海に沈む夕日を眺められることも。

⑤ オーベルジュ・料理旅館

東：山形県
湯田川温泉 九兵衛旅館

山形牛や庄内の海の幸を使った食事を個室でいただける。食事の内容は毎月がらりと変わり、春には地元の名産「湯田川孟宗（もうそう）」を使ったコースも提供。朝食では手作りの野菜ジュースがおいしい。源泉かけ流しの浴室では、金魚が泳ぐ姿を眺められる。

西：熊本県
人吉温泉 芳野旅館

明治42年に料亭として開業し、後に宿泊業も始める。料理のすばらしさはもちろん、登録有形文化財指定の建物や、かけ流しの温泉、温かいサービスと何拍子も揃った宿。豪雨被害により2020年8月現在は休業中だが、営業再開したらぜひ訪ねていただきたい。

⑥ 連泊湯治宿

東：新潟県
栃尾又温泉 神風館

栃尾又温泉に3軒ある旅館のうち、最もリーズナブルに宿泊可能な湯治向けの宿。手作りの食事が、多すぎず連泊にはちょうど良い。栃尾又温泉のぬるめのお湯にゆったりと浸かった後は、ワンカップの八海山を飲みながら部屋でダラダラするのが幸せ。

西：鹿児島県
霧島湯之谷山荘

霧島温泉の中心部からは少し離れたところにある宿。食事付きでも泊まれるが、自炊用のキッチンもあって自炊湯治も可能。貸切利用の露天風呂と男女別の内湯があり、内湯では高温の硫黄泉とぬる湯の炭酸泉の交互浴が楽しめるのがよい。

7 温泉民宿

東:長野県
上諏訪温泉 民宿すわ湖

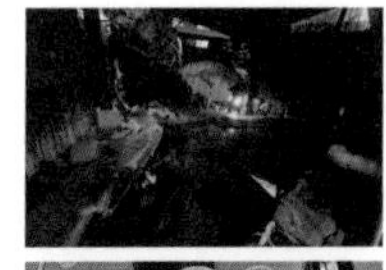

1泊2食付き税込7000円台で泊まれるが、朝も夕も、とてもその値段とは思えない量の食事が提供される。宿泊した日の夕食はすき焼きと馬刺し、あん肝など。朝食も品数豊富。浴室は男女別の内湯と、空いていれば貸切で利用できる露天風呂がある。

西:鹿児島県
指宿温泉 民宿たかよし

指宿温泉の温泉民宿。1泊2食付き税込7000円台で宿泊可能だが、食事の量がとにかくたっぷりで、鹿児島県産食材を使った料理がめいっぱいいただける。さつま揚げがめちゃめちゃおいしかった。2つある浴室は空いているときに貸切で利用する。

8 家庭的な小旅館

東:群馬県
湯宿温泉 大滝屋旅館

接骨院が併設された小旅館で、館内はバリアフリー。大浴場が2ヶ所と貸切風呂あり。大浴場の片方では湯宿温泉の「窪湯源泉」と自家源泉の2種類の源泉が楽しめるので、早めにチェックインしてじっくり浸かりたい。食事も家庭的で大変おいしい。

西:佐賀県
嬉野温泉 旅館一休荘

美肌の湯、嬉野温泉の小旅館。2つある浴室は空いているときに貸切で利用。熱めだがツルツルするとても良いお湯なのでなるべく水で薄めず入りたい。夕食は佐賀産牛の陶板焼きなど、ボリュームあって味も良い。朝食では嬉野温泉名物の温泉湯豆腐がいただける。

9 山の温泉宿

東：長野県
白骨温泉 泡の湯旅館

混浴の大露天風呂が有名な山奥の秘湯の宿。露天風呂も良いが、内湯にある非加熱の源泉浴槽が、人肌のぬる湯で、強烈な泡つきを感じられるのでお気に入り。飲泉所もあり。食事は朝夕個室食事処でいただく。朝食では温泉粥や温泉湯豆腐が提供される。

西：熊本県
黒川温泉 御客屋

阿蘇山の北に位置し、周囲を山に囲まれた黒川温泉の宿。全13室の宿だが浴室は大浴場の他に、宿泊者専用の半露天風呂、貸切浴室が2つと数多く、宿泊した日はきれいなミルクティー色の源泉を楽しめた。くまもとあか牛などを使った料理もおいしい。

10 海の温泉宿

東：静岡県
土肥温泉 玉樟園新井

夏には海水浴客で賑わう静岡県の土肥温泉だが、夏以外は1人で泊まれる宿も多い。玉樟園新井では、客室の窓から夕日に染まる海が眺められる。また、部屋のお風呂にも温泉が供給されているので、1人のんびりとお湯に浸かれるのも良い。

西：広島県
宮島錦水館

広島県の宮島にある、創業100年を超える老舗温泉宿。宿の目の前には砂浜が広がり、砂浜の向こうには厳島神社の鳥居が見える絶好のロケーション。食事も、特に魚介や牡蠣が大変おいしいので、冬の牡蠣コースか魚介グレードアップコースでの宿泊がおすすめ。

11 有名温泉地の温泉宿

東:群馬県
草津温泉 HANAYADO BAELZ

2食付きで1人で泊まれる手頃な宿が少ない草津だが、HANAYADO BAELZでは、1万円台前半で、和洋折衷のおいしい食事と草津の名湯が楽しめる。洋館風の建物だが、室内もきちんと手が入れられていて清潔。シングルルームでも広々としているのがうれしい。

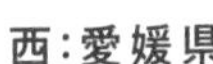

西:愛媛県
道後温泉 湯の宿さち家

道後温泉本館から徒歩1分の、全8室の宿。道後の宿は源泉を循環して使用しているところも少なくないが、湯の宿さち家は源泉かけ流しで、ツルツル感の強い良いお湯。食事は「鯛の薄造り」「鯛の兜煮」など、鯛づくしの料理がおいしい。

12 登録有形文化財指定の宿

東:宮城県
青根温泉 湯元不忘閣

かつては仙台藩伊達氏の湯治場として利用された歴史ある宿。仙台藩主の宿所だった「青根御殿」など、建物の一部は有形文化財に指定されている。蔵を改築した貸切風呂「蔵湯」は雰囲気が良く人気がある。また、個室でいただく食事も大変おいしい。

西:鳥取県
三朝温泉 木屋旅館

明治元年創業の歴史ある宿。明治・大正・昭和と増改築を重ね、館内は迷路のようだが磨きあげられた独特の味があり、全館が登録有形文化財に指定されている。貸切利用が可能な浴室もあり、浴室の底から湧き出る貴重な源泉を、独占状態で楽しむことができる。

「部屋」「食事」「風呂」が良いと「いい宿だなあ」と感じる

湯治宿、大型ホテル、高級旅館など宿の種類はさまざまあれど「どんなタイプの宿にもいい宿はある」と私は思うのですが、では「いい宿」とはどんな宿なのでしょうか。「居心地のいい部屋」「おいしい食事」「すばらしい風呂」の3つのすべてが、あるいはどれかが飛び抜けていると私は「これはいい宿だな」と感じます。

「部屋」が良いというのは、簡単に言えば「快適に過ごせる部屋かどうか」ということでしょうか。

清潔に掃除されているか、室温を自分好みに調節できるか。冷蔵庫やポットなどの備品が揃っていて使いやすいか、寝具の寝心地やトイレのウォシュレットの有無などが快適さに関わってくると思います。ポットは湯沸かし機能付きのものだとうれしいですね。

また最近は「部屋でＷｉ-Ｆｉが使えるかどうか」は大きいな、と感じるようになりました。たとえば建物が古く隣の部屋の音が聞こえてくるような宿でも、Ｗｉ-Ｆｉが途切れることなくしっかり使えると、あまり細かいことが気にならなくなったりします。

宿泊料金の高い宿は設備も整っていることが多いですが、安い宿でも快適な部屋というのはあります。トイレや洗面所が付いていない部屋でも、共同の設備が清潔で使いやすければいいなと思いますし、冬にこたつがある部屋は快適なのはもちろん、気持ち的にも盛り上がります。

また「快適さ」とは異なる尺度ですが、歴史ある建物を大切に使っている宿では「こんな素敵な建物に泊まれるのか！」とテンションが上がりますね。

「部屋」が良いと感じるポイント

・設備が整っていて清潔で、住みたいぐらい快適に過ごせる
・Ｗｉ‐Ｆｉがしっかり使えるかどうかが最近は大きなポイント
・建築物としてすばらしく「ここに泊まれるのか！」という感動がある

「風呂」についてはもちろん「お湯の良さ」も重要ですが、そこは宿の努力だけではどうにもできないことも多いと思うのです。でも、脱衣所や浴室の清潔感や、カランやシャワーの定期的なメンテナンス、お湯の温度を入浴しやすいよう調節することなどで浴室の快適度を高めてくれていると、私は「いい風呂だなあ」と感じます。お湯については最低限、塩素消毒のにおいがしなくて「源泉を良い状態で提供しようとがんばっている」ことが感じられれば良いかなと思っています。

と言いつつも、お湯が良ければ激熱な、あるいは身も凍るような冷鉱泉の源泉風呂でも「最高！」と思ったりもするのですが……。「お湯の良さ」とは何かと言うと、それは「お湯の新鮮さ」と言い換えてもいいかもしれません。できる限り「湧き出たばかりのお湯」に近い状態のお湯が「いいお湯だ」と感じます。源泉の真上に浴槽があり、浴槽の底から源泉が湧き出てくる「足元湧出」のお風呂なんかはテンションが上がりますね。さらに言えば、入浴可能な時間は長いほうがうれしいことは間違いないです。

また、これは宿泊料金に依存する部分ではありますが、シャンプー類や化粧水などのアメニティの提供だったり、ロングヘアでもちゃんと乾かせるドライヤーが設置されていると、やっぱりうれしいですね！　高級旅館ではないのに、Ｐａｎａｓｏｎｉｃのナノケアドライヤーなどの高級なドライヤーが設置されていると「意識の高い宿だ……」と思います。

「風呂」が良いと感じるポイント

・浴室や脱衣所の清掃・メンテナンスがしっかりしていたりアメニティが充実している
・源泉かけ流しならすばらしいが、塩素のにおいがしなければとりあえず良し
・入浴可能な時間は長いほうがうれしい

「食事」については料金の高い宿ほど、いわゆる「高級食材」が並ぶ可能性が高いわけですが、高価な食材を使わなくても地物の食材がたくさん使われていたり、調理法に工夫があって味が良ければすばらしいなと思います。

料金の高い宿では当然、食事への期待度も高くなりますので「この値段でこの内容か……」と思われないメニューであることは重要だなと思います。逆に安い宿で「この値段でこの内容!?」と感じられるメニューなら「食事がいい宿だなあ」と感じます。

私はお酒が好きなので、食事に合う地元のお酒が用意されていることも一つのポイントですね。

「食事」が良いと感じるポイント

・宿泊料金に見合うメニューか
・調理法に工夫があり、味が良いか
・料理に合うお酒の提供があるか

「一人温泉旅に優しい宿」の具体的な条件

「部屋」「風呂」「食事」の3つが重要です！と言うと「サービスは?」と思われるかもしれませんが、「サービス」という言葉は範囲が広すぎて、受け手側の状況や好みによって、良しとするものに大きな違いがあると思うのです。

「恋人同士の旅行」「子供連れ旅行」「足の悪い年配の方との旅行」「一人旅」では、それぞれ求められるサービスがまったく異なります。超高級旅館であればすべてのケースに対応できて然るべきかもしれませんが、すべての宿にそれを求めるのは酷ですよね。

なので、一人温泉旅ばかりしている私は「サービスの良さ」という漠然としたワードを「一人旅に優しい宿か」という言葉に置き換えて「いい宿かどうか」を考えるようにしています。

どういうときに「この宿は一人旅に優しい宿だな」と感じるのだろう?ということを考えてみると、6つの項目があることがわかりました。それぞれの項目について、これまで泊まって印象に残っている、すばらしい宿と一緒にご紹介したいと思います。

「泊まりやすさ」できれば土曜日も、一人で泊めてくれること

一人で温泉宿に泊まりたい！と考えたときに最初の関門になったのが「土曜日に泊まれる宿が本当に少ない！」ということでした。

「来週末どこかに行きたい」と思って予約サイトで検索をかけてみると、2名以上で検索すれば良さそうな宿がたくさんヒットするのに「宿泊人数：1名」にした途端に、表示される宿が一気に少なくなります。

シングルベッドルームなどがある場合は別ですが、8畳以上の部屋しかない宿では、一室に一人が泊まるよりも二人以上で泊まったほうが宿に入る金額は大きくなります。なので「休前日は大抵満室になる」という人気の宿では、はじめから休前日は一人泊のプランが出ていないことも多いのです。

ただ、予約状況をまめに管理している宿では、通常は土曜日は一人で泊まれるプランを提供していなくても、空室が多めなときや直前になっても満室になっていないときだけスポット的に、一人泊のプランを出してくれることもあります。とは言え「いつでも一人で泊めてくれる」宿のほうが一人旅に優しい宿であることは間違いないと思うのです。

次は連泊したい！温泉湯豆腐がおいしい小旅館

窓辺のリクライニングチェアで実家のようにくつろげる

佐賀県・嬉野温泉 旅館一休荘

嬉野温泉は、武雄温泉と並び佐賀県を代表する温泉地で、入浴後肌がつるつるする泉質のため「日本三大美肌の湯」にも選ばれています。「温泉湯豆腐」でも有名で、漫画『美味しんぼ』にも嬉野温泉に温泉湯豆腐を食べにいく回があり、いつか行ってみたいと思っていました。

「旅館一休荘」は全7室の小旅館ですが、そのうち4室ある6畳の和室には土曜日でも一人で泊まることができます。

私は毎年正月に「今年泊まりたい宿」を各都道府県ごとに一軒選んで、ブログで発表しているのですが、2020年の「佐賀県で泊まりたい宿」にこの宿を選んだのです。すると発表するやいなや、何人もの方からTwitterで「ここ本当にいいからぜひ泊まって！」と連絡をいただきまして。そんなにいいのか?と年明け早々行く

〒843-0301
佐賀県嬉野市嬉野町下宿丙15-61
☎0954-42-1315

塩田川

ことにしました。

嬉野温泉には武雄温泉駅から30分ほどバスに乗っていくことになります。旅館一休荘は嬉野温泉のバスターミナル前という便利な場所にある宿です。

感じのいい女将さんに案内していただき、2階の部屋へ。

今回はトイレ付きの部屋を予約しました。トイレ無しのお部屋より少しだけ高いのですが、それでも2食付き1万円以下で泊まれます。建物は新しくはありませんが、トイレはウォシュレット付き、室内は清潔に保たれています。

何よりも、部屋の窓辺にリクライニングチェアがあるのが気に入りました。風呂上がりはここでビールを飲むぞ！と心に決めて浴室へ。

一休荘には2つの浴室があり、どちらも内側から鍵をかけて貸切で利用できます。大きめの浴室は岩風呂で、4〜5人は入れそうな浴槽でした。これを独り占めできるとは贅沢ですね。

熱い源泉を自由に出したり止めたりできますので、調節して好きな温度で入ります。湯上がりもつるつるした感触が肌に残る、大変いいお湯でした。

…………

夕食は部屋食で、テレビを見ながらいただけるのがうれしい。手作り感溢れるおかずはどれも味が良く量も多く、この値段でこんなに？と思ってしまうほどです。

窓辺のリクライニングチェア

貸切利用の岩風呂

メイン料理は佐賀産牛の陶板焼きです。美しくサシが入った佐賀産牛は量もたっぷり。九州らしいやや甘めの味付けの料理を、熱燗をいただきつつ平らげました。温泉旅館は飲食物の持ち込み不可なことが多いですが、一休荘は「常識の範囲内でどうぞ」と寛大な宿です。徒歩圏内にコンビニもありますので、食後の散歩がてら外に出て、風呂上がりのビールを購入しました。熱燗の酔いが醒めたところでもう一度温泉に浸かり、その後はリクライニングチェアでビール&漫画タイム！

廊下に漫画コーナーがあり、お借りして部屋で読んで良いという素敵なサービスがあるのです。リクライニングチェアで『金田一少年の事件簿』を読みつつ、ビールを飲みつつ、夜が更けていきます。

翌朝は朝風呂に入った後に、食堂で朝食をいただきます。食堂に集まったほかの宿泊客をちらりと見ると、なんと私を含めて一人客が3組！しかも全員女性でした。

焼き鮭やサラダ、陶板で焼くハムエッグなどのおかずが並びますが、やはりうれしかったのは、嬉野温泉名物の「温泉湯豆腐」です。

弱アルカリ性の源泉で豆腐を温めると表面が溶けたようになり、なんとも言えないトロトロで優しい味わいになるというもの。他の温泉地でも温泉湯豆腐を食べたことはありましたが、嬉野温泉の温泉湯豆腐はまったくの別物！　感動しました。

テレビを見ながら部屋で夕食

佐賀産牛の陶板焼き

食後にはコーヒーと、ひと口のチョコレートのサービスが。しっかりと苦みのあるコーヒーを味わいながら、この宿に土曜日でも連休でも、いつでも泊まれるってすばらしいことだな、佐賀、近くはないけどまた来よう！と心に誓いました。

リクライニングチェアでビールを

温泉湯豆腐がおいしい朝食

「部屋食・個室食」食事中も気兼ねせず、一人の時間を楽しめる

温泉ひとり旅を始めたばかりの頃は、部屋食の旅館じゃないと泊まりたくない！と思っていました。家族連れやカップルばかりの食事処で一人ぽつんと食事を摂るなんて……温泉宿の食事はコース料理で時間もかかることが多いのに、耐えられるだろうか？

もともと一人で外食することが好きな私ですらそう思ったのですから、「食事のときに一人で寂しくないか？」ということは、温泉一人旅の大きな関門なのではないかと思います。

温泉街がある程度栄えていたり、周辺に外食できる店がある土地ならば、宿では食事を摂らずに外食するという手もありますが、個人的には夕食は宿で食べたい派です。チェックインしてお風呂に入り、お化粧も全部落とした後に、また身支度を整えて外出するのはかなり億劫（おっくう）なんですよね。そう考えると自室に食事を運んでいただき、テレビを見ながらのんびりご飯をいただける「部屋食」の宿が、やはり一人旅には優しいのではないかと思います。

また、部屋食でなくても、他のお客さんの目につかない「個室食事処」で食事をいただ

だける宿も私は好きです。部屋食は気楽ではありますが、旅館の夕食の鉄板メニューである「牛肉の陶板焼き」や「固形燃料で熱する鍋物」は、部屋に匂いが残りやすいんですよね。個室ならそのあたりも気にせずにすみますし、食事している間に布団を敷いてもらえるので、部屋に戻ったらすぐに布団にダイブできるのも最高だなと思います。

寝具の寝心地も最高な、保養とアートの宿

「一人泊専用」の広い部屋で、桜を眺めながらいただく食事

栃木県・板室温泉 大黒屋

栃木県の那須塩原市にある板室温泉の「大黒屋」は、創業460年以上、現在のご主人は16代目という歴史ある旅館です。「保養とアート」をテーマに掲げているこの宿には、桜の咲く頃に宿泊しました。

全31室の宿ですが、そのうち5室は「一人泊専用のシングルルーム」で、土曜日でも連休中でも、いつでも一人で泊まれるのです。「一人泊専用のシングルルーム」という響きから、ビジネスホテルの細長い部屋を思い浮かべてしまいそうですが、案内していただいたのは12畳ほどの広さの、雰囲気ある洋室でした。

ベッドも広く、寝具は「西川ムアツふとん」で恐ろしいほどに寝心地が良かったです。館内用のスリッパは革製で歩きやすく、家具や小物類にまでこだわりが感じられます。室内のテーブルの上には桜の枝の一輪挿しが飾られており、そして窓の外でも桜が花

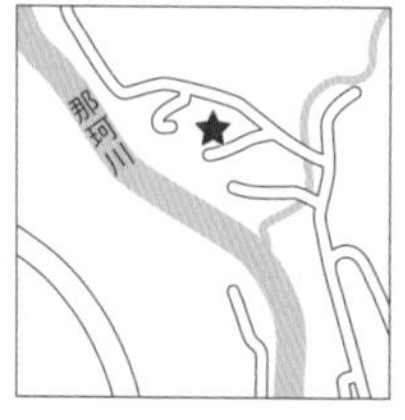

〒325-0111
栃木県那須塩原市
板室856
☎0287-69-0226

部屋の窓から庭の桜が眺められる

盛りです！

いつもの年であれば桜が咲くまであと2週間はかかり、桜狙いの方はその頃に予約しているそうなのですが、暖冬で早く咲いてしまったそうで……。私もまったく狙っていなかったので驚きつつ、思いがけないタイミングの妙にテンションが上がります。

大黒屋さんには3ヶ所の浴室があり、「露天の湯」では川の流れを眺めつつせせらぎの音を聞くことができるのですが、さらにこのときは桜の花びらが舞い散る中の湯浴(ゆあ)みを楽しむことができました。宿の敷地内にお花見を楽しめるスポットもあり、お風呂上がりの散歩が気持ちよかったです。

・・・・・・・・・・・・・・・・

日が落ちると、部屋の灯りも間接照明で雰囲気があります。そしてお楽しみの夕食も、この雰囲気抜群のお部屋に持ってきていただくのです。

「とちぎの地酒 利き酒セット」を注文し、那須高原牛などの地元産食材や、山菜や蛍烏賊(いか)、よもぎなどの春の味覚たっぷりの夕食をいただいていると、日が暮れてきました。窓の外を眺めると、桜の木の周辺がほんのりとライトアップされ、闇の中に桜が浮かび上がるような美しい光景が広がっています。

食後のお茶をいただき、酔いを冷ましながら夜桜を眺めていましたが、寝心地のいいベッドに横になったら眠りに落ちてしまい、目が覚めると深夜2時。2つある浴室

露天の湯

は深夜も入浴可能ですので、もう一つの浴室「ひのきの湯」に入りにいくことにします。浴槽だけでなく壁面や天井にもひのきが使われているという浴室に足を踏み入れると、木の良い香りが一面に立ち込めていました。

電気はついているはずなのに、浴室の中が薄暗いままなので不思議に思ったのですが、薄暗い中で浴槽に身を沈め、庭を眺めて気づきました。庭のライトが間接照明となってほんのりと浴室を照らしているんですね。

美しく手入れされた庭を眺めながら、水で薄めることなく適温に調節されたお湯に一人で浸かります。ほの暗い中で極上のお湯を楽しみ、部屋に戻って再び眠りにつきました。

朝食もお部屋に運んでいただけます。部屋食の場合、運んでいる間に料理が冷めてしまいがちですが、温かい料理を温かいまま提供できるよう工夫された、おいしい朝食でした。

「保養とアートの宿」をテーマにしている大黒屋さん。館内では常時、絵画や工芸品の展示が行われ、アートの心得がまるでない私でも滞在中の時間をゆったりと楽しむことができました。朝夕共に部屋食な上に「一人泊専用の部屋が5室」もあるということで、温泉一人旅に慣れていない人にも自信を持っておすすめできる宿です。

庭の夜桜

夜の「ひのきの湯」

「食事場所の配慮」大広間での食事でも視線が遮られればそれでいい

部屋食・個室食のサービス提供については、設備の都合もありますから対応したくても難しい、という宿も多いと思います。

一人温泉旅を始めたばかりの頃は「何をおいても部屋食の宿！」と思っていましたが、さまざまな宿をおとずれるうちに「泊まってみたい宿」がどんどん増え、その中には部屋食・個室食ではない宿も含まれていました。

最初は恐る恐るでしたが、食事会場での食事も足を踏み入れてしまえば、レストランで一人ご飯をいただくのと何ら変わりないと気がつきます。人は慣れるもので、今では大広間やダイニングで一人で夕食をいただくのも平気になりました。

ただ、平気にはなったとは言え「この席はちょっときついな」と思うこともたまにあります。たとえば隣の席との間隔が狭く、しかもそれが大人数の団体や家族旅行だったりするときでしょうか。小さいお子さんに「あのお姉ちゃん、どうして一人なの？」と指摘されるのではないかとびくびくし、早く酔ってしまいたくてお酒のペースが早まってしまったこともあります。

ですが、一人客には端のほうの席を用意してくれていたり、衝立（ついたて）を置くなどして食べているところが周りから見えにくいように工夫してくださっている宿もありました。また、カウンター席だと他のお客さんの姿が目に入りませんから、気楽な気持ちで食事ができるように思います。

そんな風に、できる限り工夫してくださっているのが感じられると、ありがたいお心遣いだなあと思うし、一人旅に優しい宿だなと感じるのです。

青磁色の湯と、関アジ関サバ地獄蒸しプリン！

眺めのいい窓辺のカウンター席でいただく地獄蒸し料理

大分県・別府明礬温泉 岡本屋旅館

別府温泉は、源泉数・湧出量共に日本一を誇る温泉都市ですが、中でも市街地から少し離れた場所にある「明礬（みょうばん）温泉」が私は大好きで、これまで何度となくおとずれています。バスを降りたとたんに温泉の香りに包まれ、そこかしこから湯けむりが立ちこめ、小規模な旅館が点在する明礬温泉で特に気に入っている宿が「青磁色」とも「ミルキーブルー」とも呼ばれる青みがかった源泉を楽しめる「岡本屋旅館」です。これまで二度、泊まっています。

この地で１４０年以上営んでいる、歴史を感じさせる木造建築の宿です。建物は新しくはありませんが、どこもかしこもピカピカに磨き上げられています。

宿泊するお部屋は６畳の和室で、トイレ・洗面も付いており、Ｗｉ‐Ｆｉもしっかり使えます。設備の整ったくつろげる清潔な部屋でした。

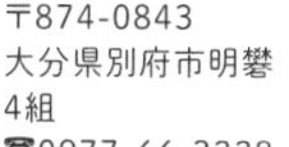
〒874-0843
大分県別府市明礬
4組
☎0977-66-3228

ミルキーブルーの露天風呂

部屋で一休みした後はさっそくお風呂へ！　岡本屋旅館の青みがかったお湯の色は、日中の明るい時間帯のほうがはっきりと感じられる気がします。

内湯は青みがかった透明なお湯でしたが、広い露天風呂は濁りのある、まさに「ミルキーブルー」です。色が珍しいだけでなく、お風呂あがりには肌がすべすべする極上のお湯をゆっくりと楽しむことができました。

・・・・・・・・・・・・・・・・・

岡本屋旅館では、食事は2食とも食事処でいただくのですが、一人泊の場合は窓の外の景色を眺めながら食事ができる、カウンター席に案内していただけます。

夕食では、大分の地酒を3種類楽しめる「利き酒セット」をオーダーしました。「別府湾近郊で獲れた旬魚の姿造り」がつくプランで予約していたのですが、大分県を代表するブランド魚の「関アジ」や「関サバ」が入った豪華な刺し盛りが出てきて大興奮！　3種類の日本酒と一緒に別府湾の恵みを味わいました。

また、温泉の蒸気で食材を蒸し上げた「地獄蒸し料理」も岡本屋旅館の名物です。

大分県産の「錦雲豚」という豚肉と、かぼちゃやブロッコリー、茹で卵などを耐熱の器に入れて蒸したものを、2種類のつけダレでいただきます。ほんのりと温泉の香りがして、野菜の甘みも増すような気がしました。

デザートは、やはり温泉で蒸した「地獄蒸しプリン」です。固めのカスタードプリ

利き酒セット

関アジ、関サバの入った刺し盛り

ンは甘さ控えめで口の中でほろりと溶け、しっかりと苦みのあるカラメルとの相性は抜群。このプリンは、オンラインショップで通販もしている岡本屋さんの看板商品なのですが、本当においしいです。

翌日の朝食も、昨晩と同じ食事処のカウンター席で。夕食の際は窓の外はよく見えなかったのですが、今朝は、別府明礬郷が大きく迫り、遠くに別府の街と別府湾が見える景色を楽しみながら朝食をいただきます。

朝食では、蒸し籠で蒸された野菜と鮭が提供されました。朝から温野菜がたっぷり食べられるのはうれしいですね。

汁物は大分県名物の「だんご汁」です。平たく太い麺のようなものは「だんごを潰したもの」だそうで、それで「だんご汁」と呼ばれるんだそう。具沢山で体が温まります。

食後は、コーヒーや紅茶を自由にいただけるサービスがありました。

お湯も良く、食事もおいしく、食事の場所やそのほかのさまざまな面に対して細やかな心遣いが随所に感じられる、すばらしい宿だと思います。

地獄蒸しプリン

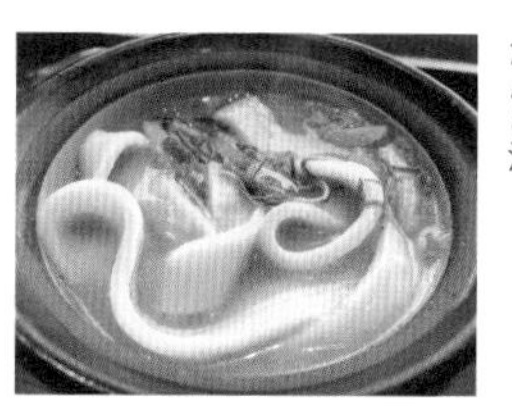

だんご汁

「プランの選択肢」広い部屋に泊まり、食事をグレードアップしたいこともある

宿の予約サイトで「宿泊人数：1人」で検索すると「一人旅プラン」あるいは「ビジネスプラン」「夕食無しの朝食付きプラン」しか選択できない宿が、実はわりと多いです。

一人で広い部屋に泊まる必要もないでしょうということで、比較的コンパクトな部屋に限定してプランを設定している、というのはもちろんわかります。ただ「たまの贅沢」として一人旅をしようと思うのなら、一人でも「露天風呂付き」などのグレードの高い部屋に泊まりたいという方もいるとは思うのです。

一人泊だから「ビジネス利用」だとは限らないし、一人泊でも宿で夕食食べたいし、食事をグレードアップしたプランで泊まりたいこともあると思うのですが、選択肢が少ないことが本当に多いです。部屋についても食事についても、一人で泊まるときにプランの選択肢が多い宿があると「一人旅に優しい宿だな」と感じますね。

趣ある個室料亭での食事がおいしいごほうび宿

一人でも露天風呂付きスイートルームに泊まれる

宮城県・鎌先温泉 湯主一條

宮城県鎌先温泉の「湯主一條」には、ずいぶん前に一度泊まったことがありました。かつては湯治棟だった趣ある木造建築を個室料亭として使用しており、食事も大変おいしかったので、いつかまた泊まりたいと思っていた宿です。

湯主一條にはさまざまなタイプの部屋があり、宿一押しのスイートルーム「一條スイート」は源泉かけ流しの露天風呂付きで100平米の広さを持つ贅沢さ。その100平米のお部屋にも一人で宿泊できるのです。それも、土曜日であってもです。

相応の値段はしますのでスイートに泊まったことはありませんが「一人でも最高に贅沢したい！」という希望を叶えられる宿ということで、一人旅に優しい宿だなと印象に残っていました。一人のときに高いお金を出して広い部屋に泊まらなくていい、と考える方が多いとは思いますが、そういう人がいたっていいと思いますし、多様な

有形文化財にも指定されている個室料亭

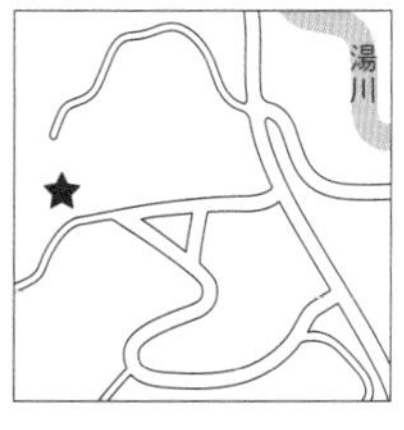

〒989-0231
宮城県白石市
福岡蔵本字鎌先
1-48
☎0224-26-2151

ニーズに応えようとしてくださっているってすばらしいじゃないか、と。

そんな湯主一條に先日、久々の宿泊が叶うことになり、当日は最寄りの駅まで車で迎えに来ていただきました。迎えに来てくださった宿の方、見覚えがあるな……と思ったら、湯主一條の二十代目当主である一條一平社長でした。

「月山さま、8年ぶりぐらいですね」

と言われ、そうだったのか！と驚きました。というか8年前の宿泊記録を、社長自らきちんと参照して迎えてくれるとは、なんだかすごい……。

送迎車を降り、ラウンジでチェックイン手続きを行いながらお茶とお菓子をいただきます。宮城名物のずんだ餅がうれしい。そして、社長だけでなく出迎えてくれたスタッフみなさんに「8年ぶりにお越しいただきありがとうございます！」と言われ、恐縮する私でした。情報共有完璧ですごいな……。

••••••••••••••••••••

宿泊したのは最もリーズナブルに泊まれる部屋ですが、10畳に広縁付きで一人で泊まるには十分すぎるぐらいです。季節は冬でしたが、サッシが二重になっているうえにエアコンのほかに床暖房も効いていて、浴衣一枚でビールがおいしくいただける暖かさでした。縁側の大きな窓からは有形文化財に指定されている個室料亭の建物がよく見えます。

浴室は、昔ながらのタイル張りの内湯と、開放感のある露天風呂の付きの大浴場が利用可能です。古いものを大切に使いながら、新しいものもしっかり取り入れていくのがこの宿のスタイルなんでしょうね。素敵だわ。

さて、お楽しみの夕食は、時間になると係の方が部屋まで迎えに来てくれ、個室料亭に案内してくださいました。古い建物ですが廊下はピカピカに磨かれ、障子から漏れる灯りも美しいです。

日本酒の種類も豊富で、グラスでいただけるお酒が多いのもうれしいポイント。

料理はいずれのお皿も盛り付けが華やかで美しく、味は時に繊細に時に大胆にという具合に強弱があって、飽きません。お刺身はカルパッチョ仕立て。

メインは「仙台黒毛和牛」「和牛ヒレステーキ」「鰆筍包み焼き」の3種からの選択で、私は黒毛和牛を選びました。付け合わせの野菜も新鮮で量もたっぷり。ステーキは卓上で焼くのではなく、厨房でベストな焼き加減に焼いて提供してくださいます。卓上で、固形燃料でいい具合に焼くのはなかなか難しいので、ありがたいですね。

朝は昨夜と同じ個室料亭で、品数豊富な朝食をいただきます。サラダのドレッシングが大変おいしく、白石（しろいし）市の郷土料理である「白石温麺（うーめん）」や、出来たてのお豆腐など贅沢な朝食でした。いつか、自分にご褒美をあげたいタイミングが来たら、湯主スイートにも泊まってみたいなあと夢みています。

宮城の地酒をグラスで

個室料亭

「ドリンクメニュー」一人でも注文しやすいお酒のメニュー

私は日本酒が好きなので、温泉宿に泊まるときはできる限り、その土地の地酒をいただきたいと思っています。ですが「1合でオーダーできる日本酒は1種類だけ」という宿が、実はわりと多いのです。日本酒のメニューは豊富でも、300㎖の瓶や4合瓶でのオーダーしかできないとなると一人泊の場合は飲めるお酒の選択肢が狭まってしまいます。なので、1合あるいは0・5合などの少量からオーダーできる日本酒が複数種類あったり、利き酒セットが用意されている宿は「一人旅に優しいなあ」と感じます。

また、ワインに力を入れている宿であってもグラスでいただけるワインは赤白1種類ずつ、ということは非常に多いので、グラスワインの種類が多い宿もうれしいですね。

お湯は極上、食事とお酒も最高な湯河原の宿

グラスワインが20種類以上楽しめる
神奈川県・湯河原温泉 オーベルジュ湯楽

「宿泊設備を備えたレストラン」という意味の「オーベルジュ」を名に冠した宿は、一人泊を受け入れてくれることが少ない印象があります。やはり「食事を楽しむのなら大切な相手と一緒に」ということなのでしょうか。でも、一人で目一杯おいしい料理とお酒を楽しみたいときもある！　一人でも泊まらせて欲しい！と私はいつも願っています。その願いを叶えてくれる宿が、湯河原温泉の「オーベルジュ湯楽(ゆらく)」です。しかもこちらの宿、食事とお酒だけでなく、お湯もすばらしいのです。

オーベルジュ湯楽の建物は斜面に建っており、エレベーターはありません。かなり階段を上りましたが、たどり着いたのは清潔で快適な部屋でした。

部屋の広さに余裕があるのでチェックイン前から布団が敷いてありますが、それはそれで、いつでも昼寝ができていいものです。

オーベルジュ湯楽外観

〒259-0314
神奈川県足柄下郡湯河原町宮上528
☎0465-62-4126

部屋で一休みしたらもちろんお風呂へ。オーベルジュ湯楽の浴室は、時間帯によって男女が入れ替わる大浴場と、予約制の貸切露天風呂が2つあるのですが、いずれの浴室も「加水・加温・循環・消毒すべてなし」のパーフェクトな源泉かけ流しです！どの浴槽もアルカリ性単純泉の源泉が勢いよくかけ流され、浴室に足を踏み入れた瞬間に温泉のいい香りに包まれます。

予約制の貸切露天風呂は眺めも良く「一人でこんな広い風呂を貸切利用できるなんて！」と感激してしまう広さでした。

••••••••••••••••••

お待ちかねの夕食は、館内にあるレストラン「ピノクラーレ」で。浴衣のままで食事ＯＫなので、気楽に楽しめるのがうれしいですね。ディナーコースは「和とイタリアンの融合」をテーマとしており、カトラリーには箸も用意されていました。

さて、お酒は何をいただこうかな？とメニューを開くと、グラスでいただけるワインの種類の多さに驚きます。

スパークリングワインだけで5種類ほど、赤と白もそれぞれ5種類程度あり、ロゼワインも1種類。さらに「本日のおすすめ」グラスワインが5種類ほどあって、全部で20種類ほどのワインがグラスでいただけるのです。日本酒も各地の地酒が用意されてあって気になりましたが、ここはやっぱりワインでしょう！と、まずはスパークリ

貸切露天風呂

スパークリングワイン

ングワインをオーダー。

なみなみと気前よく注がれたスパークリングワインにテンションが上がります。料理は盛り付けが美しく、魚介類はとにかく新鮮！　お刺身は食べられる花が薬味として添えられており、土佐醤油をつけて海苔で挟んでいただくという初めてのスタイル。見た目の美しさと味が両立している一皿でした。

魚料理が提供されるタイミングで白ワイン、肉料理と一緒に赤ワインをいただきます。コース全体を通して野菜がたっぷり使われているのですが、野菜の味も濃いのです。聞けば伊豆山の農家から直接仕入れた有機野菜とのこと。

肉料理の「和牛ヒレ肉のタリアータ」は柔らかく肉の旨みがたっぷり。添えられている地人参のローストも甘くおいしいです。

〆のご飯は「イタリア産トリュフご飯」です。土鍋で炊き上げたご飯に、その場でたっぷりとトリュフを削っていただきます。デザートとコーヒーもいただいて、これ以上何も入らないぐらい満たされてレストランを出ようとすると、食べきれず残していたトリュフご飯をおにぎりにして、夜食に持たせてくださいました。

朝も同じレストランで、品数豊富な和食をいただきます。和食もおいしかったけれど、洋食の朝食も食べてみたいなあ……などと、既に次に泊まるときのことを考えてしまうほど、良い宿でした。

食べられる花で彩られたお刺身

土鍋で炊き上げたトリュフご飯

「リーズナブルな価格」一人泊の割り増し料金が少ない

二人以上泊まれる広さの部屋であれば、一人よりも二人で泊まったほうが宿の儲けは増えます。そのため一人泊の宿泊料金は、二人以上で泊まったときよりもやや割高になってしまうことが多いです。これは仕方のないことだとは思います。一人より二人、二人より三人で泊まったほうがだんだん割安になる、という宿がほとんどですから。一部屋に泊まる人数が少ないほど部屋では快適に過ごせますし「快適さを買っているのだ」と思えば、納得できるとは思います。

ですが、一人で泊まるときの宿泊料金と、二人以上で泊まるときの宿泊料金にあまりにも大きな差があると「この宿に一人で泊まるのは厳しいかな」と感じてしまいます。

逆に、一人で泊まるときと二人で泊まるときで、一人あたりの宿泊料金が同じだったり、料金アップしたとしても１０００円程度であまり差がない宿は「一人旅に優しい宿だなあ」と感じることが多いです。

山菜好きの私が狂喜乱舞した月山の麓の湯宿

朝市巡りの後にいただく、舞茸ご飯が絶品

山形県・肘折温泉 旅館勇蔵

山形県最上郡大蔵村の温泉地「肘折温泉」は、豪雪地帯としても有名な山あいの温泉地です。湯治宿が多く、湯治客向けの朝市が春から秋にかけて毎日開催されています。「旅館勇蔵」は、全10室の宿で長期滞在して湯治することも可能な宿ですが、1泊だったので「旅籠プラン」で宿泊しました。※一人で泊まっても二人以上で泊まっても宿泊料金の差額は数百円ほど。旅籠プランでも税込1万円前後で泊まれるのがうれしいですね。

案内していただいた部屋は2階の日当たりのいい部屋でした。トイレや冷蔵庫は共同のものを利用しますが、洗面台は室内に、新しくきれいなものが設置されていました。

お茶を淹れて、まずは一休み。お茶うけの「肘折ほていまんじゅう」が異様においしくて驚きます。皮からはほんのり黒糖の香りがして、中のあんこもしっとりなめらか。

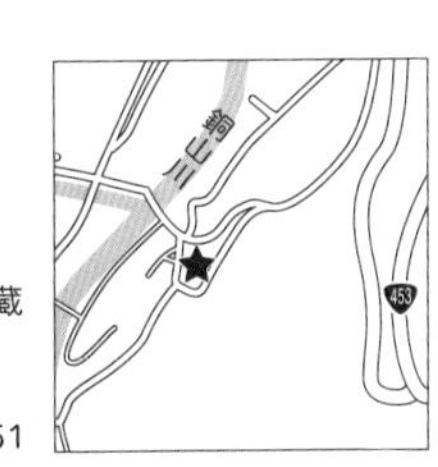

〒996-0301
山形県最上郡大蔵村大字南山480
☎0233-76-2151

※ 湯治プランと旅籠プランでは1泊2食付きの宿泊料金に2000〜3000円の差がありますが、旅籠プランのほうが食事の品数が多く、浴衣やタオルなども用意してもらえます。

一休みしたらお風呂へ！　旅館勇蔵には1階に男女別の内湯、2階には空いていればいつでも貸切利用可能な小浴室があり、清掃時間以外はいつでも入浴可能です。

内湯はちょうど誰もおらず、うっすら濁った金気(かなけ)臭のある熱めの源泉をひとり、心ゆくまで楽しみました。

・・・・・・・・・・・・・・・

夕食は別室に用意していただきました。9月だったので山菜の季節ではないと思っていましたが「赤こごみ」や「山うど」「あけびの芽」などさまざまな山菜を使ったおかずが並んだことに驚きました。聞けば春に採れたものを水煮にして長期保存できるようにし、使っているとのこと。味も歯ごたえも春にいただくものと遜色なく、山菜好きなのでかなりうれしかったです。

鍋は旬のきのこ鍋。すべて近くで採れたきのこだそうです。きのこ鍋は煮すぎて具が固くなることもないですし、ひたすら出汁(だし)がおいしくなるすばらしい鍋だなと思いつつ、熱燗と一緒にいただきました。

この日は「肘折夜市」という、秋祭りのようなイベントが開催されていたので、夕食後は酔い覚ましに温泉街を歩いてみることに。出店のテントが並び、地元の方も観光客も入り交じってお酒を飲んだり、賑わっていました。

旅館勇蔵の内湯

旬のきのこ鍋

出店で何か注文して一杯いただこうかな？とも考えましたが、祭りで人と入り交じって盛り上がるタイプではないので、賑やかな雰囲気を感じながら夜の散歩を楽しむことに。

温泉街のあちこちに美しい絵が描かれた灯籠がつるされていました。毎年7月下旬から9月中旬ごろまで開催されている「ひじおりの灯」という灯籠絵展示会だそうです。この灯籠は雰囲気があって気に入ったので、また夏に来るのもいいな、と思いながら宿に戻ります。

酔いも醒めたので、寝る前に貸切風呂に入ることにしました。小さな浴室は一人で入るのにはぴったりの大きさです。iPhoneを持ち込んで電子書籍を眺めつつ長湯してしまいました。

••••••••••••••••

朝はもちろん、肘折温泉名物の朝市へ！

おこわや笹巻き、しそ巻き、山菜を使ったおかずなどあれこれ買ってしまいました。ああ、今日もここに泊まってお昼におこわなんかいただけたら最高なんですけどねえ。帰りの新幹線で食べるかな。

宿に戻ると、昨晩と同じ部屋に朝食の用意が整っていました。朝もまた「こごみ」「ワ

美しい絵が描かれた灯籠

肘折温泉名物の朝市

ラビ」「みず」などを使った山菜のおかずがたっぷり！　そしておひつにいっぱいの舞茸ご飯！

　コーンが入っているんですが、その甘みが舞茸とよく合っていて、これまで食べたことのないような絶品舞茸ご飯でした。

　午前9時50分に肘折温泉を出発する村営バスに乗るために、10分前にチェックアウトしたのですが、バスが通るタイミングで女将さんが宿の外に出てきてくださり、手を振ってくださったのがとてもうれしかったです。いつか、連泊してみたい宿です。

山菜たっぷりの朝食

第3章

ひとり山

なぜ、ひとりで山に登りたいと思うんだろう
道具は何が必要で、どの山から登ればいい?
何年登っても迷いはつきないけれど、
だからこそ山はいい!

「ひとりで山を歩く」覚悟を決めたら世界が広がった

2020年の4月、新型コロナウイルス感染拡大防止のための緊急事態宣言が発令され、外出自粛が強く求められる中でこの原稿を書いています。

ゴールデンウィークには上高地も閉鎖され、八ヶ岳や南アルプスの山小屋では既に今年いっぱいの休業を決めたところもあると聞きました。この夏、富士山はすべての登山道を閉鎖するそうですし、登山口に向かう路線バス・夜行バスの運行はいったいどうなることか想像もつきません。「これからは今までと同じように登山を続けていくことはできないのかもしれない」という不安を感じながら、山にも温泉にも行けない日々をやり過ごしています。

しかし、不安を感じながらも少しの懐かしさを感じてもいる自分もいました。9年前の2011年の4月、東日本大震災が起こってから間もない頃に、私は登山を始めたのです。

地震による直接的な被害はなかったものの、都内でも計画停電が行われて懐中電灯や電池が買い占められ、家に引きこもっている人が多かったあの頃に、よく登山なんか始める気になったね、と言われることもあるのですが、そんなときだったからこそ始めたのではないか、と思ったりもします。

地震と感染症は性質の異なるものではありますが、多くの人の心に影を落とし、なんとなく息苦しいような鬱々（うつうつ）とした気持ちを呼び起こすところは共通しているかもしれません。

そして、登山を始めた当時のことを思い出すと、先のことは不安だけれどきっとこれからも、どういう形であっても山を歩き続けるだろうなと思ったりもするのです。

いい温泉の近くにはだいたい、いい山がある

登山を始める3年ほど前に温泉ひとり旅を始めたのですが、当時気に入って何度もおとずれていた温泉のうちのいくつかは山のすぐ近くにありました。

群馬県のみなかみ町、谷川岳の麓にある「湯檜曽（ゆびそ）温泉」は、1人旅を始めて間もない頃から気に入っていた静かな温泉地でした。中でも「林屋旅館」という小さな宿が好きで何度も足を運んでいたのですが、今から10年以上前の、ある秋の週末のことです。

林屋旅館に泊まり、かつては与謝野晶子も浸かったという美しいタイル張りの浴室できりっと熱い透明なお湯を楽しんでいると、居合わせた女性に話しかけられました。

温泉が好きなの？　これまで行った中でどこの温泉が良かった？などと世間話を交わす中で、

「山には登らないの？」

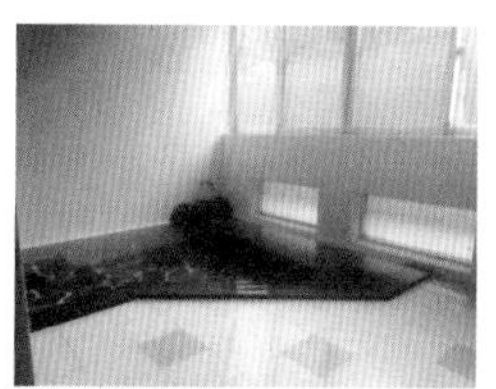
林屋旅館の浴室

という話題になりました。その方は谷川岳登山[※1]の後に林屋旅館に泊まったのだそうです。

「山はぜんぜんですねえ。いつも1人ですし、周りに登る人もいないのでなかなか」と返しつつも心の中では「山登りねえ……」と思っていました。それまで「山に登ってみたい」なんて思ったことすらなかったのですから。

「山を歩いた後の温泉は本当にいいものよ。私はもう、山に登らないで温泉だけ入りに来るなんて考えられないくらい」

そう言われると、登山で疲れた後の温泉はたしかに気持ちよさそうな気はします。でも今のところ温泉宿に泊まるだけで満足しているし……それに、山って1人で登ってはいけないんですよね？

「休日は1人になりたい」から1人で温泉に来ているのに、山に登るために誰かと一緒に行動しなければならないなんて、絶対無理だわ……。当時の私はそんなふうに思っていました。

歩いてしか行けない温泉宿「手白澤温泉」に泊まりたい！

登山をしたい気持ちはなかったものの、温泉ひとり旅を続けるうちに「歩いてしか行くことができない温泉宿」が、山の中に何軒もあることを知りました。

最初はそこまでの興味はなかったのです。「歩いてしか行けない温泉宿[※2]」にわざわざ

※1　実は、登山をしなくても「谷川岳ロープウェイ」に乗り、スキー場のある「天神平」まで行ってみるだけでもすばらしい景色が楽しめるのですが、当時の私はそんなことも知りませんでした。

紅葉の谷川岳ロープウェイ

行かなくても、泊まってみたい宿はたくさんありましたから。それに、そういった宿の多くは電気が通っていなかったり、他のお客さんと相部屋だったりする「山小屋」的な要素が強い宿でした。１人で夜中まで起きてテレビを見たり読書をしたりするのも温泉旅の楽しみと思っていましたから、電気もつかず見知らぬ相手との相部屋ではとても楽しめないだろうと思ったのです。

しかし、そんな折に他の「歩いてしか行けない温泉宿」とは一線を画す、ある温泉宿の存在を知りました。栃木県奥鬼怒温泉郷の「手白澤（てしろさわ）温泉」という宿です。

奥鬼怒温泉郷はかつては徒歩でしか行けない温泉地でしたが、１９８８年に「奥鬼怒スーパー林道」が開通して以降は車で行き来できるようになりました。ただし、日光国立公園内に位置するため一般車の通行は制限されており、現在も宿の関係車両以外は通行することができません。

「加仁（かに）湯」「八丁の湯」「日光沢温泉」「手白澤温泉」という4軒の宿があり、「加仁湯」と「八丁の湯」に泊まればバスで送迎してもらえます。「日光沢温泉」は送迎をしておらず歩いていくしかありませんが、この宿はいわゆる「温泉付きの山小屋」でしたので、当時はそこまで食指は動きませんでした。しかし……しかし手白澤温泉です。

手白澤温泉は山小屋ではなくすべて個室で、滞在中は冷えたビールを部屋で飲みつつ、浴衣でのんびりくつろぐことができる宿です。テレビはないですが、部屋は洗面・

※2 歩いてしか行けない温泉宿は他にもたくさんあり、那須岳の「三斗小屋温泉」や、八ヶ岳山麓の「本沢温泉」には、山小屋風ではあるものの個室に宿泊できる宿もあります。

トイレ付きの立派な和室、温泉は湯量豊富で深夜も入浴可能、食事はフレンチテイストの和食コース料理と、サービスの行き届いた温泉旅館そのもので……これは気になる、行ってみたい！　しかしなぜか、送迎はしていないのです。

手白澤温泉のホームページを見ると「ハイキングでお越しください」と書いてあるのですが、とは言え最寄りのバス停から2時間半の山歩きです。これは、素人が登山の装備なしに散歩気分で行ってはダメなやつですよね……？　もちろん1人で行くのもまずいですよね？

そう考えて一度は諦めたのですが、ずっと心の中に「いつか手白澤温泉へ」という思いはくすぶり続けていました。

自然の中にある手白澤温泉の露天風呂

高尾山ビアマウントに行くつもりが20年ぶりの登山

さて、前の章でもお話ししましたが当時アラサーだった私は婚活をしていたのです。１人が好きだけれどずっと１人でいる覚悟を決めたわけではないし、一緒にいて居心地がいい人との出会いがあれば……と思ってやっていたものの、結婚につながるような出会いは得られず、１人温泉旅でストレスをお湯に溶かしつつ、なんとか婚活を続けていました。そんなある日のことです。

残暑の厳しい9月。休日の昼間に婚活で出会った相手と、高尾山の中腹で営業しているビアガーデン「高尾山ビアマウント」[※1]に行く約束をしていました。ケーブルカーに乗って山登りをしなくてもたどり着けると聞いていたので、けっこう楽しみにしていたのです。一緒に行く相手の方に対してもほんのり好意を抱いていましたし、何よりもビアガーデンが好きだったので。

高尾山は東京都八王子市にある標高５９９メートルの山ですが、最寄り駅に着くまでに都心から電車で１時間半ほどかかります。一度行ってみたいけれど気軽に行ける距離ではないと、その頃の私は思っていました。

でも、婚活していたおかげで気になっていたビアガーデンに行ける！　婚活もたま

※1　6～10月の期間限定で営業しています。ちなみに高尾山ビアマウントには後日行きましたが、和洋折衷の料理とビールとさまざまなドリンクが飲み放題食べ放題の、何度でも行きたい最高に楽しいビアガーデンです！

にはいいことあるじゃないか！　そう思いながら当日を迎えたのです。
最寄り駅の高尾山口駅に着いて驚きました。人がめちゃくちゃ多いのです。山ってこんなに人が多いものですかね？　何かお祭りでもやっているの？　それとも、まさかここにいる人みんなが高尾山ビアマウントに行こうとしているわけじゃないよね……？

その「まさか」でした。さすがに全員ではないでしょうが、登山をしない人はビアマウント目当てですし、登山する人も下山後はビアマウントに行くので、晴れた休日は入店まで数時間待つことも珍しくないんだとか。聞こえてきた放送によれば「ビアマウント入口で整理券を貰って、それから2時間以上の待ち時間」とのこと。さて、どうしましょう？

ここまで来て何もせずに帰るというのもあんまりだし、かと言ってそれほど親しいわけでもない男女が炎天下で2時間待つのもつらすぎます。困り果てたところで唐突に彼が、

「じゃあ、せっかくだから登ろうか」

と言い出したのです。

ええー？　こんな暑い中待つのも地獄だけど、登るのはもっと地獄では……。

「登るつもりじゃなかったから……こんな格好で登れるかな？」

はっきり断れない私は「頼む！私は登りたくないんだ！　感じてくれ！」と祈りつ

つ答えました。足元はかろうじてスニーカーですが、スポーツタイプではないタウンユースのもので、バッグはショルダーバッグの斜めがけ。服はタンクトップに、けして動きやすいとは言えないデニムのロングパンツです。[※2]

しかし彼は、空気をよんではくれずこう言いました。

「ぜんぜん大丈夫だよー。俺一度登ったことあるし。スカートじゃないし、スニーカーじゃん？　荷物も手に持ってないし、いけるいける！」

もし、一緒に来たのが親しい友人だったら「いきなり登山とかありえんわ！　もう蕎麦食べて帰ろ！　それか八王子あたりまで戻ってビール飲もう！」とはっきりお断りしたことでしょう。しかし、微妙に好意を持っていた相手ということが判断を狂わせました。わがままな女だと嫌われたくなかったのです。

私たちはまず腹ごしらえに「髙橋家」という蕎麦屋に入り、名物だという「冷やしとろろそば」を注文しました。とろろの上にうずらの卵がのっていて「月見とろろ」になった、ひんやりとおいしい蕎麦を食べながらも私は「ああ、もうこれを食べて帰りたい……」と思い続けていました。

歩き続けるうちにいつの間にか苛立ちは消えていた

高尾山口から高尾山に登るには「1号路」「6号路」「稲荷山コース」の3つのルートがあります。このうち1号路はほぼ舗装路で、途中までケーブルカーやリフトで行く

※2　登山を始めてから知りましたが、デニムは厚地の綿素材で、濡れるとごわごわして重くなるし、膝も曲げにくいので登山時に履くには最高に不適なボトムスです。

ことができ、6号路と稲荷山コースは最初から最後まで登山道です。

「上りも下りもケーブルカーを使って1号路でいいのでは……?」と思いましたが、それではつまらないと彼は言います。さらに「稲荷山コースは以前1人で登ったから、まだ登っていない6号路を登ろう」と言って私の手を取り、6号路登山口に向かって歩き始めました。「せめて、あれに乗りたかった」とケーブルカーを横目に見ながら「もしかしてこの人、最初からビアガーデンより登山がしたかったんじゃないの……?」と思ったものの、ここまで来たらもう、登るしかありません。


そんな風にかなり嫌々な感じで始まった登山でしたが、歩き始めて少し経つと「思ったより悪くないな」と考えている自分がいたのです。

暑い日でしたが、6号路は小川に沿って歩く緑の多いコースです。登山道に入った瞬間ひんやりした空気に包まれ「あ、山って涼しいんだ」と、軽い驚きを覚えました。歩き始めは緩やかな道だったので「そこまできつくないかも」と思ったのもつかの間、徐々に傾斜は急になり息があがってきます。やがて岩や木の根がむき出しになった道に変わり、ソールに凹凸の少ないタウン用のスニーカーでは滑るように。それでも、先行する彼がどんどん歩いていくので、遅れないようになんとかついていきました。

はあはあ言いながら登っていましたが、歩き始める前に感じていた「ビアガーデンに来たのに、なんでこんなことしなきゃならないの?」という苛立ちはいつの間にか

緑の多い高尾山の6号路

木の根がむき出しになった道を歩く

消え、汗を流しながらひたすら歩を進めることに熱中していました。

それに、疲れて足を止めると周囲はすばらしく雰囲気のいい森なんです。木々の緑はどこまでも濃く、歩き始めて30分も経っていないなんて信じられないほど深い森に感じられ、「東京に住んでだいぶ経つけど、こんなところがあるって知らなかったな」「まだまだ私の知らない場所がたくさんあるんだろうなあ」と考えたりしました。

ところどころに休憩できるようベンチもあり、腰掛けると鳥や虫の鳴く声や沢の流れる音があちらこちらから聞こえて心を和ませてくれます。

木の根の上を歩くのにも少し慣れてきました。そう言えば、登山道を歩いているときの感覚が何かに似ていると思ったけれど、学生の頃夢中になった「ファンタシースターオンライン」というゲームの、森のダンジョンに似ているのだと気がつきました。[※3]まるで、自分自身がゲームの登場人物になってダンジョンを歩いているような錯覚を覚えたのです。うれしくて同行の彼に「なんだか登山道ってダンジョンみたいだね！」と話しかけたのですが、あまりピンときていなかったようでした……。

6号路は山頂にたどり着く直前に長い階段が現れます。傾斜も急で体力を削られますが、最後の一登りの後、山頂にたどり着きました。

山頂は公園のようになっており、人で溢れていました。6号路を歩いているときは「駅ではすごい人だったけど、登山道はそこまで混んでいないんだな」と思ったのですが、多くの人はケーブルカーやリフトを使って1号路から登ってくるんですね。

※3　山ではこの世のものと思えないような景色と出会うことがたびたびありますが「ゲームのCGみたいな景色が本当にあるんだな」と時折思います。また、登山の「装備を揃えて地図を手に入れ冒険に出る」ところは、RPGとよく似ているなと思ったりも。

「これからビアガーデンに並ぶのはきついから、もうここで飲んじゃおう」

と言われ、自販機で缶ビールを買って乾杯しました。まだ下りがあるのにお酒を飲んで大丈夫か心配でしたが「帰りはリフトまでにしよう。ほとんど舗装路だから大丈夫だよ」と言われ、誘惑に勝てず飲んでしまいます。自分の足で登った後の山頂ビール[※4]、堪えられないおいしさでした。

山頂で少し休んだ後は、1号路を下っていきます。「高尾山薬王院」の参道を歩き、途中にあった茶店で「ぶどう酢」を使ったソフトクリームをいただきました。ぶどうの酸味が疲れた体に染み渡ります。

リフトで登山口へ戻った後は京王線で帰宅し、翌日は盛大に筋肉痛になりました。痛む足をさすりながら「ビアガーデンに行くつもりだったのにどうしてこうなった？」とうなだれましたが「でも、そんなに悪くはなかったかな。運動になったし」と思うことにしました。

何と言っても森の中を歩くのは気持ちよかったし。でも、彼が先を歩いていたからついていくのに必死で、あまり堪能できなかったのは少しもったいなかったかもしれないな。とは言え、もう行くことはないでしょう。なかなか遠かったしね。

これが、私が1人で山を登り始める約半年前、２０１０年の9月の出来事です。

このときはまだ、自分自身が高尾山へ、そして高尾山よりも遠く高い山へ足繁く通うようになるなんて、想像もしていませんでした。

※4　山頂で飲んでる方も大勢いますけど、お酒に弱い方は絶対やめましょう。私も、あとにも先にもこのとき一度きりです。山小屋やテントで泊まるときなど「今日はもう歩かない！」という日以外は、山中ではお酒は飲まないようにしています。

ぶどう酢のソフトクリーム

晴れた日は山頂から富士山を望める

6号路の途中にあるベンチ

下りはリフトで

山頂直前に現れる長い階段

後日別の友人と行った高尾山ビアマウント

高尾山の山頂は公園のような雰囲気

東日本大震災がなぜ、山に登るきっかけになったのか

2011年の3月11日、東日本大震災が起こったとき、私は自宅でお風呂に入っていました。体調が優れず仕事を休んでいたのですが、午後になって回復してきたためお風呂に入っていたタイミングで、強い揺れを感じたのです。

帰宅困難者になることは免れましたが、自宅で1人だったので心細くはありました。余震による揺れを頻繁に感じながら、どんどん深刻になっていく事態をテレビやTwitterで追っているうちに夜がおとずれました。

自宅のライフラインは無事でしたが、実家のある山形県は停電しているらしく電話もつながりません。現時点では普通に暮らせているけれど、もしまた強い揺れがきて、電気が、ガスが水道が止まってしまったら、そしてネットにつながらなくなったら、私は明日から1人で生きていくことができるのか？　災害に対して何の備えもできていなかったことに愕然(がくぜん)としました。

幸い、東京はそこまで大きな余震に見舞われることはありませんでしたが、数日後には発電所の停止による計画停電を行うことが発表され、またしても備えの甘さを突きつけられることになります。自宅にあったのは小さな懐中電灯が一つだけ。ないよ

りましとは言え、なんとも心許ない気持ちになりました。スーパーやホームセンター、ネットショップでも懐中電灯や電池は買い占められており、簡単には手に入らなくなっていました。

山道具は非常用持ち出し品に転用できる

震災から2週間ほど経った週末に私は、自宅から近い吉祥寺のアウトドアショップをおとずれました。

今後どんな災害に見舞われるかわからないし、非常用持ち出し品を用意しておこうと思ったのです。ネットショップなどで売られている「防災セット」は、既に自宅にあるものも入っていて無駄が多いように感じました。それで「自分で中身を選んで非常用持ち出し袋を作ろう！」と、中に入れるものを買える場所を調べたらアウトドアショップだったのです。

「携帯トイレ」や「ヘッドランプ」、それに「アルファ米などのフリーズドライ食品」を見て回っていたら、いつの間にかわくわくするような楽しい気分になっていました。こんな気持ちは震災以来初めてかもしれません。都内は大きな被害はなかったとは言え余震も続いていましたし、節電で街は薄暗く、外食も控えているような毎日でしたから。

フリーズドライ食品[※1]コーナーでは、ご飯と味噌汁だけでなくパスタやカレーまで、

※1 アルファ米やフリーズドライのお味噌汁、かさばらず日持ちするおやつ、個別包装のティーパックなど、山に持っていく食料はすべて非常用持ち出し品に転用可能です。

お湯を注ぐだけで食べられる商品がたくさん売られていることに驚き、あれこれと買いそろえてしまいました。いくつもの山道具を「これは非常用持ち出し品だから」という言い訳のもとに購入し、ザック売り場に足を踏み入れたとき、ついに魔が差してしまったのです。

登山用のウェアやザックは赤や青などカラフルな色合いのものが多いのです。これは、霧などで見通しが悪い場所でも仲間から見つけてもらいやすいように、という実用的な理由からなのですが、壁一面に並べられた鮮やかな色のザックを見たときに「欲しい！」と思ってしまいました。

震災直後で心がふさいでいたときですから、はっきりした明るい色合いのものに惹かれたのかもしれません。鮮やかな紫色のシンプルなデザインのザックが気になって、店員さんに促されて試しに背負ってみたらどうしても欲しくなってしまいました。挙げ句「非常用持ち出し品を、このリュックに入れればいいじゃない！」とこじつけて、購入してしまったのです。

それが「カリマーのリッジ40」という登山用ザックです。当時のお値段で2万円強、ずいぶん高価な非常用持ち出し袋になったものですよね。

自宅に戻り「衝動買いしちゃったなあ」と我に返ったものの、不思議とすがすがしい気分でした。そして「せっかく買ったんだから使えばいいのでは？」「これを背負っ

お湯を注いで15分で食べられるアルファ米

衝動買いしたカリマーのリッジ40

て、山に行けばいいのでは？」と考えたのです。登山は1人でしてはいけない、ずっとそう思っていたけれど、そのときの私の頭には半年前に無理矢理登らされた山で見かけた、登山者たちの姿が思い浮かんでいました。高尾山では老若男女問わず大勢の人が1人で山歩きを楽しんでいたのです。

あのとき、斜めがけのバッグに街用のスニーカーで登れた山だもの。今度はこのリッジ40を背負って、もっと動きやすい服を着て靴もちゃんと揃えよう。一緒に登る相手がいない分、装備を整えればきっと1人でも登れるはず。

そう考えたら、この2週間の鬱々とした日々が嘘のように、ウキウキした気持ちになっていました。

低山からステップアップしていくのが最高に楽しい

2011年の4月以降私は、週末晴れる度に高尾山に登るようになりました。高尾山には山頂に至る登山道がいくつもありますから、日によって歩く道を変えて楽しむことができたのです。

また、ちょうどその時期は京王電鉄が毎年春と秋に開催している「高尾 陣馬スタンプハイク」のタイミングでもありました。高尾山と、その奥に連なる奥高尾縦走路と呼ばれる近隣の山でスタンプラリーをしながらハイキングを楽しめるイベントです。

スタンプを集めるとプレゼントに応募することができ、高尾山だけでも応募可能ですが「城山(しろやま)」「景信山(かげのぶやま)」「陣馬山(じんばさん)」と足を延ばすことでより豪華なプレゼントに応募することができるというもの。このイベントに参加することで高尾山以外の山を歩く経験を積み、最初は往復2時間半のハイキングで全身筋肉痛になっていたのが、4時間程度は難なく歩けるだけの体力がつきました。

高尾の後は奥多摩へ、夏は上高地を歩いた

6月頃からは東京都西部にある奥多摩の山々に出かけるようになり、日の出山、大

高尾 陣馬スタンプハイクのスタンプ帳

岳山、御前山などに登りました。奥高尾の山は標高1000メートル以下の低山ですが、奥多摩の山は標高も1200〜1400メートルと高くなり、歩く時間も5時間まで延びました。これまでの自分のレベルよりも少しだけ高い山を見極めて挑戦し、行ける山が少しずつ増えていくのが本当に楽しかったです。

初めての登山で高尾山などの低山に登った後、いきなり富士山や北アルプスなど標高の高い、距離も長い山を登ってしまう方の話をたまに聞きますが、それはもったいないことだと私は思います。経験のある人に連れていってもらえば、登山の経験がなくても体力があればレベルの高い山に登ることも不可能ではありません。ですが「最初は高尾山でへばっていたのに、いつの間にかこれほど長い距離を歩けるようになっていた！」という「自分が徐々に強くなっていく」ような感覚。喩えるならRPGで旅をするうちにレベルアップしていくような感覚を現実世界で感じられることが、私が登山に夢中になった理由の一つだと思うのです。

初心者のうちにいきなり難しい山に行ってしまうのは、ゲームをスタートして早々に魔王の城に行くようなもので、たとえ奇跡的にクリアできたとしてもあまりうれしくない気がします。

6月までは自宅から日帰りで行ける低山を登っていましたが、7月には海の日の連休に上高地[※1]に行く計画を立てました。

※1 上高地は長野県松本市に属しますが、松本駅からはバスで2時間ほどかかる岐阜県との県境に近い場所にあります。標高1500メートルの高所にあるため夏でも涼しく、大正池や明神池など景勝地が至るところにあり、道も歩きやすく整備されている山岳リゾートです。

穂高連峰や槍ヶ岳など、北アルプスの名だたる名峰の登山口でもある上高地ですが、登山を始めて3ヶ月の私にはそれらの山々は難しすぎるので、山には登らずに周辺をトレッキングして楽しんだのです。

梓川の向こうに見える穂高の山々は泣けてくるほど美しく「いつかあそこに行ってみたい！」と強く思いました。だけど、あそこに行けるようになるまでにはいったいどれほどの時間がかかるのでしょう。それに、これまで歩いてきた奥多摩や高尾の低山ならともかく、北アルプスの稜線をはたして1人で歩くことができるのでしょうか？

もし、上高地に行かずにネットや雑誌を見て「いつか行ってみたいなあ」と憧れているだけだったら「行ってみたいけど1人では無理に決まってるよね。奥多摩でも十分楽しいじゃん」と結論づけてしまったかもしれません。しかし、上高地から眺めた穂高連峰は、簡単に諦めてしまうには美しすぎました。このとき夏の上高地に足を運んだからこそ私は「なんとしてでもあそこに行きたい」と決心し、そのためのさまざまな方法を考えることになったのです。

一緒に山を歩ける仲間はどこかにいないのか？

いつか北アルプスの稜線を歩きたい！と決心した私は、一緒に山に行ける相手を探すことにしました。

上高地周辺をトレッキング

上高地から眺めた穂高連峰

友人知人に登山を趣味にしている人はいなかったので、新しく出会うしかありません。登山はお金と時間のかかる趣味ですから、まったく興味がない人にけしかけて登山を始めてもらうのは難しいだろうと思いました。

もともと社交的な性格ではないので「新たな出会いを求める」のはかなり億劫（おっくう）ではありました。しかし、1人のほうが気楽なことは間違いないとは言え、登山に限っては同行者がいたほうが安心です。本当にいろいろな方法で探しました。

この頃考えていたのは「一緒に山に登れる相手と結婚できたら一番いいのでは？」ということでした。

登山に夢中になってからは、週末の予定をすべて空けておきたい[※2]のでデートの予定が立てられず、婚活はやめてしまっていました。でも、相手も登山をするなら休みは一緒に山に行けばいいのですから、何の問題もありません。

「婚活アプリ」で登山が趣味な人とマッチングしたり、Ｔｗｉｔｔｅｒで登山つながりで絡むようになった人と会ってみたり。登山好きな独身男性を紹介してもらったり、社会人サークルの「登山が趣味な人」限定の飲み会に参加したりもしました。結果、平日夜に何度かお会いした後一緒に山に行った人もいたものの、その山行は楽しいとは思えずそれきりになってしまいました。

男性との出会いに限定せず登山好きな女友だちができればいいのでは？と、登山の

※2 雨でも気にせず山に入る人もいますが、難易度・危険度も上がりますので私は晴れた日しか登りません。「登山のために空けていた日は雨で、デートの予定を入れた日に限って晴れる」という経験をした後は、すべての週末をできる限り空けておきたいと思いました。

イベントに参加したりもしました。[※3]ですが、見ず知らずの人たちとの「いきなり登山」はかなり気疲れすることで、参加者と仲良くなるどころではなく。また、いくつかの山岳会[※4]を見学に行ったものの、懇親会での会話から人間関係に馴染めなそうだと感じて、入会には至りませんでした。

一緒に山に行くためには、まず「行きたい山」や「やりたい登山の種類やレベル」がある程度合っている必要があります。それに、何人かの相手と一緒に登ってみてわかったのですが、登山には思った以上に性格が出ます。たとえば「計画はどのぐらい緻密に立てるか」「天気がどのぐらい悪かったら中止の判断をするか」「人が多い山をどの程度許容できるか」などのレベル感が合わない相手と一緒に登るのはつらいことだと思い知らされました。

1人で登る前に、一度は一緒に登れる相手を探してほしい

1人で当たり前のように登るようになった今でも思うのですが「違和感なく一緒に登れる相手」が見つかればそれは幸せなことです。「毎回必ず一緒に登る」必要はありませんが「私は1人でしか登らない」と決めてしまう必要もないと思うのです。都合が合うときだけでも一緒に登れる相手がいれば、便利だったり楽できることも多いし、登山の幅も広がります。

この本を手に取ってくださった人の中には、かつての私のように「山に登りたいけ

※3　当時はｍｉｘｉの登山コミュニティで、参加者を募って一緒に登山をするイベントが頻繁に開催されていました。10名ぐらいで登るイベントが多かったのですが、募集開始から1日経たずに満員になってしまうほど人気があったのです。

※4　簡単に言えば、社会人による登山部のような集まりです。いわゆる部活的な人間関係が苦手でなければ、技術も学べたり共同装備を使えたりしますので非常にお得な手段だと思うのですが、私には厳しかったです。

ど一緒に登れる人がいないし、1人で登りたい」と思っている方が多いかもしれません。ですがその場合も一度は腰を据えて、一緒に登れる相手を探してみることをおすすめしたいです。

もちろんしっくり来ない相手と無理に登る必要はありませんが、いくら探してもぴったり来る相手がいない！　それでも私は山に登りたいんだ！という経過を経ることによって「1人で登る覚悟」が決まるようにも思うのです。

登山を始めて10年近く経ちますが、山ですれ違ってきた多くの登山者たちを思い出すと「1人で山に行ってはいけないタイプの人[※5]も中にはいる」と思わざるを得ないのです。だから、私が行っているからと言って全員の背中を押すわけにはいかないな、と思っています。まずは一緒に登れる相手を探してほしいし、それで気の合う相手が見つかればめっけものです。

どうあがいても一緒に登れる相手は見つからない！　それでも登りたいんだ！と思うなら、覚悟を決めるしかありません。ただそのときはせめて山仲間の代わりに、先人の知恵を借りること……ネットの情報だけでなく、登山の入門本を何冊か読んでみることをおすすめしたいです。

※5　さまざまなケースがありますが、たとえば「自分で調べて計画を立てられない人」や「こわいもの知らずの人」でしょうか。
ただ、本当に「行ってはいけないタイプ」の人は、こういう本を手に取ることはないんだろうな……とも思います。

信頼できる著者の本を教科書に、ネットの情報は副読本に

私自身も、一緒に山に行ける相手を探しながら並行して、登山に関するさまざまな本を読みあさりました。

それまでも登山の入門本や、低山を中心に山のルートガイドなどは読んでいたのですが、それに加えて日本アルプスなどの高所登山についての本、山小屋泊・テント泊についての本なども読み、『山と溪谷』や『ワンダーフォーゲル』『ＰＥＡＫＳ』などの登山雑誌はすべて端から端まで目を通しました。

本を読んだところで登れるようになるわけではありません。しかし、自分が今どのぐらいのレベルで、今後どのような山に行きたいのか？　そのためにはまずどんな山を登ればいいのか？という道筋が、本を読むことで見えてきたように感じ、そのために必要な装備が何かも把握できました。

インターネット上で登山について情報発信している方もたくさんいますし、私自身もその１人です。「登山を始めたばかりなので『山と温泉のきろく』を参考にしています」と言っていただけることは本当にうれしいのですが、残念ながらネット上の情報はすべてが正しいわけではなく、鵜呑み（うの）にするのは危険なこともあります。初心者の

うちはどの情報が正解なのかを見極めることは難しいので、信頼できる著者や出版社の本を教科書にし、ネットの情報は副読本的に捉えておくのが良いと思います。

私の場合は特に「山と溪谷社」の出版物や、著者では高橋庄太郎さん、鈴木みきさん、鈴木ともこさん、西野淑子さんの本を教科書のように熟読していました。これから登山を始めようという方におすすめの本をリストアップしましたので、何から読めばいいの?と思った方は参考にしてみてください。

山がもっと楽しくなる書籍8選

山歩きスタートブック

西野淑子著／技術評論社

「プランニング」から「装備」「歩き方」など、これから山歩きを始める人に必要不可欠な情報が詰まった入門書です。登山を楽しく続けていくために、思い立ったら気軽に行ける「行きつけの山」を持つことを提案しているところに、深く頷きました。

登山入門

佐藤勇介監修／山と溪谷社

「山歩き」から一歩進んで「登山」をスタートするための本です。山小屋泊やテント泊など「山で泊まる」ための情報もカバーし、「コル」「キレット」「ザレ場」など、初心者にはとっつきにくい登山用語もしっかりと解説されています。

トレッキング実践学

高橋庄太郎著／枻出版社

「格好よさと泥臭さとお洒落さ」そして「夢と実用」のバランスが絶妙な入門書。登山への夢や憧れが詰まっていて「こんな登山がしてみたい!」と思わせてくれます。情報量もたっぷりで、特にテント泊についての解説は詳しいです。

悩んだときは山に行け! 女子のための登山入門

鈴木みき著／平凡社

著者が山に惹かれ、山小屋で働くようになった体験談を漫画で紹介しつつ、随所に「登山を始めるために役立つ知識」がちりばめられた本です。「無理をしなくていい、高みを目指さなくていいんだ」と自然に思わせてくれるところが特に好きです。

山登りはじめました

鈴木ともこ著／KADOKAWA

高尾山に始まり、木曽駒ヶ岳、立山、尾瀬と至仏山、そして富士山と、王道の名山に登る山旅が漫画で紹介されています。宿泊する宿や山小屋が素敵なところばかりで、登山中や下山後に食べる食事もおいしそう!　夢が広がるし、山旅プランを立てる際の参考になります。

山道具 選び方、使い方

高橋庄太郎著／枻出版社

日帰り登山からテント泊登山までに必要な山道具一つ一つについて「種類」「選び方」「使用方法」などが詳細に解説されています。数ある山道具の中から、今の自分に必要なものは何なのかがはっきりわかりますし、読み物としても楽しい本です。

山でお泊まり手帳

仲川希良著／枻出版社

モデルの仲川希良さんによる「山小屋泊とテント泊のハウツー本」です。日帰り登山から山小屋泊、テント泊とステップアップしていくための方法が詳しく書かれています。写真も美しいので、読むだけで山に泊まるワクワク感を体感できるはずです。

日帰り山あるきベスト130 関東周辺

JTBパブリッシング

「ルートガイド」と呼ばれる登山ルートを紹介する本です。「奥多摩」「中央線沿線」「丹沢」などの関東周辺の日帰りで登れる登山ルートを紹介しています。登りたい山域のルートガイドがあると、計画を立てるときの参考にできるので便利です。

ついに、ひとりで雲上の世界へ！

山仲間探しがうまくいかず、さまざまな登山の本を読みあさっていたら「登ってみたい山」の中から「今の私でも1人でなんとか登れそうな山」の候補が絞れてきました。

登ってみたいのは「高い山」です。これまで歩いてきた山は「樹林帯」と呼ばれる、森の中を歩く登山道がほとんどでしたが、高山には「森林限界」[※1]があります。森林限界を越えると見晴らしがよくなり、これから歩いていく尾根や周辺の山々の姿を眺めながら歩ける……いわゆる「稜線歩き」を楽しめるのです。森林限界を越えて稜線を歩いてみたい！と強く思いました。しかし多くの山で、それは標高2000メートル以上の高所です。

果たしてそこまで歩けるのか？と尻込みしていましたが、さまざまな本を読むうちに「ロープウェイやバスに乗ってかなり高いところまで行ける」山があると知りました。これなら私でも登れそうだと思い、地図を購入して計画を立てることに。

最初に計画したのは長野県の「霧ヶ峰」です。最高峰の車山は標高1925メートルですが、標高1802メートルの「車山肩（くるまやまかた）」までバスで行くことができます。

バスを降りた瞬間に目の前にはゆるやかなカーブを描いた美しい山並みが広がり、

※1　気温や降雪などの影響で、背の高い樹木が育たず森林を形成できない限界点のこと。

ゆるやかな山並みが美しい霧ヶ峰

高原の涼しい風が吹き抜けていく別世界です。登山道はよく整備されていて歩きやすく、道の周りには高山植物があちこちに咲いていて、思わず足を止めて写真を撮ってしまいます。

バス停の近くには「ころぼっくるひゅって」という山小屋があり、その中にあるカフェではチーズがたっぷりとかかった厚切りトーストをいただきました。季節を変えて何度でも来たい山だと思いました。

その後は長野県と岐阜県の県境にある「乗鞍岳」に登ることに。乗鞍岳は最高峰剣ヶ峰の標高が3025メートルある、日本で19番目に高い山。山域としては北アルプスに属する紛れもない高山ですが、標高2702メートルの「畳平」までバスで行けるため山頂までの歩行距離は短く、3時間弱で往復することができます。

大きな岩がごろごろしている上を歩く道もあり、岩山は初めてだったので緊張しましたが、落ち着いていけば問題なく歩けました。幸い天気にも恵まれて大満足で山行を終えることができ「初めて登るタイプの山でも天気が良くて体力的に無理がないルートを選べば大丈夫なんだ」という、自分の中の自信にもつながりました。

それから、長野県の標高2956メートルの高山、中央アルプス木曽駒ヶ岳へ。標高2611メートルの「千畳敷駅」までロープウェイで行くことができる山で、標準コースタイム[※2]では3時間少々で千畳敷と山頂を往復可能とされていました。ロープ

ころぼっくるひゅっての厚切りトースト

※2　登山ガイドや登山地図などに掲載されている「この地点からこの地点まで、だいたいこのぐらいの時間で歩けますよ」という目安の時間です。自分は標準コースタイムと比較してどの程度速いのか、遅いのかを把握しておくと、登山計画が立てやすくなります。

ウェイを降りると、既にそこは雲上の世界です！

周囲に高山植物のお花畑が広がる「千畳敷カール」から歩き始めると、すぐに「八丁坂」と呼ばれる、急斜面をつづら折りに登っていく登山道が始まります。八丁坂は遠目には「垂直に近いんじゃないか？」と思えるほど急に見え、足元は崩れやすい岩稜で登山者同士のすれ違いも多い場所です。高所で空気も薄いため、かなりきつかったのですが、標準コースタイム通りの時間でなんとか八丁坂をクリア。中岳というゆるやかなピークを通過した後、無事に山頂を踏んで千畳敷に戻ってくることができました。

木曽駒ヶ岳の山頂直下にある「駒ヶ岳頂上山荘」の前にはキャンプ指定地があり、色とりどりのテントが並んでいました。

「私はこれから下山しなければならないけれど、この人たちは今から山に泊まるのか」と思うとなんとも羨ましく、いつか私もここに泊まってみたい！と思いました。

しかし、ここでキャンプをするためにはまずはテントやシュラフなど山で泊まるための道具を揃え、そして自分の力でここまで担ぎ上げなくてはなりません。それは、このときの私には果てしなく遠い道のりに思えました。

1人で山に泊まればもっと楽しい！

木曽駒ヶ岳で「山に泊まる」ことに憧れを持った私は、次に「八ヶ岳のオーレン小屋」

山頂直下は岩だらけの乗鞍岳

木曽駒ヶ岳の千畳敷カール

に泊まる計画を立てました。

山に泊まるなら、まずは山小屋泊でしょう!と思ったのです。テント泊では「衣食住」すべてを自分で担がなければなりませんが、食事と寝具を提供してもらえる山小屋なら、日帰り登山の装備に防寒具をプラスするぐらいで泊まることができます。

山小屋の多くは相部屋での宿泊となりますが、当時の私はゲストハウスなど相部屋の宿泊施設に泊まったことがなく、いきなり男女が雑魚寝するような環境で泊まるのはハードルが高いように思いました。そこで初心者でも泊まりやすい山小屋を探した結果「オーレン小屋」が良さそうだ、という結論に行き着いたのです。

八ヶ岳の山小屋は、他の山域に比べて食事がおいしかったりお風呂に入れたりと山小屋泊初心者でも泊まりやすい小屋が多いのですが、中でもオーレン小屋は別格です。個室が9室あって追加料金なしに先着順で泊まることができ、食事も大変おいしいと評判で、湧き水が豊富なのでお風呂にも入れるとのこと。また、公式サイトのWebフォームから予約可能なことも、電話予約に苦手意識のあった私にはありがたかったです。

八ヶ岳は、なだらかな山容の北八ヶ岳エリアと険しい岩稜帯の南八ヶ岳エリアに分かれますが、オーレン小屋はその境目あたりに位置します。岩稜帯を長時間歩くのは大変そうなので北八ヶ岳エリア多めのルートで検討し、初日は北八ヶ岳エリアの「唐

オーレン小屋の浴室

この日登った天狗岳

沢鉱泉」から入山して「天狗岳」に登った後、オーレン小屋に宿泊することに。翌日は南八ヶ岳エリアの「硫黄岳」に登ってから北八ヶ岳エリアに戻ってきて「稲子湯」に下山するという計画を立てました。

当時の私は、日帰り登山で5時間弱は歩いたことがあったものの、この計画だと初日も2日目も約5時間歩くことになります。歩けない距離ではないだろうと思いつつも、2日連続で長い距離を歩いたことはなかったので不安もありました。

結果、目標としていたコースタイムは少しオーバーしたものの、無事に歩き通すことができ、そして、オーレン小屋で過ごした一夜は想像していた以上にすばらしいものでした。初めて山中で過ごした「夕方から夜に向かう時間」と「星空」と「夜明け」の美しかったこと。また、夜には山小屋で働く人たちと宿泊者が入り交じって、薪ストーブのある談話室でお酒を楽しみました。そういう雰囲気は苦手だと思っていたのですが、山に泊まっているという非日常感と「登山」という共通の話題、そしてお酒の力で案外楽しむことができたのです。

もちろん噂に聞いていた食事も最高においしく、なんとメイン料理は馬肉のすき焼きでした。狙っていたとおりに1人で個室をあてがわれ、檜の浴槽のお風呂も気持ちよかったのですが、山小屋で一晩を過ごしたのが本当に楽しかったので「次はここまで快適な山小屋じゃなくても大丈夫そうだな」と自然に思えてきたのです。

山小屋で過ごす初めての夜

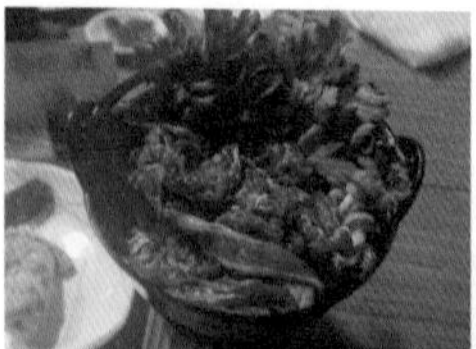

オーレン小屋の夕食、馬肉のすき焼き

金峰山小屋での出会い

このとき季節は秋。アルプスなど高山の山小屋は徐々に冬期休業に入る時期です。雪の中の登山はまだ避けたかったので、次は「奥秩父」[※3]エリアの「金峰山」[※4]に登る計画を立てました。

山頂から15分ほど下ったところに「金峰山小屋」という山小屋があり、食事が非常においしいとの評判を聞いて気になっていたのです。また、金峰山小屋に泊まって早起きして山頂に登れば日の出を眺められることも選んだ理由の一つでした。「ご来光」と呼ばれる高山からの日の出を1度は見てみたいと思っていたのです。

金峰山小屋は予約制で、緊急時以外は布団の数以上の人数は宿泊させないため「1つの布団に2人で寝る」というようなことにはなりませんが、寝室は大部屋のみで雑魚寝になります。その環境で寝れるのかはチャレンジでしたが、小屋に着いて寝る場所に案内してもらうと、なんと寝具はふかふかの羽毛布団なのです！　これならきっと、余程いびきがうるさい人がいなければ大丈夫そうです。

そして、この山行では思いがけない出会いがありました。登っていく途中に私を追い越していった単独登山の男性が2人いたのです。登山道では挨拶を交わしただけでしたが、2人とも山小屋泊だったので小屋で再会し、話してみると歳も登山経験も近かったので自然と話が弾みました。金峰山小屋のおいしい食事とお酒で開放的な気分

※3　長野県・山梨県・埼玉県・東京都をまたぐ、2000メートル台前半の山が連なる山域です。日本アルプスや八ヶ岳に比べると雪が降る時期が遅いため、11月中旬ぐらいまで秋山登山が楽しめる山が多いです。

※4　山梨県と長野県の県境に位置する標高2599メートルの山で、山頂に「五丈岩」という大きな岩があるため遠くからでも目立ちます。

になっていたのもありますし、全員が1人登山だったのも大きかったと思います。

明日は早起きして日の出を見に行きたいと思ってるんですよ。でも、暗くて寒い中を1人で山頂まで登るのは心折れるかもしれないなあ。じゃあ、一緒に行きます？寝る前にそんな会話を交わして、翌朝は一緒に山頂まで登ってご来光を見ることになりました。

無事に早起きして日の出にも間に合い、朝焼けに染まる富士山を眺めている写真を撮ってもらいました。1人では絶対に撮れなかっただろう美しい写真ができあがり、あまりにも気に入ったので今も名刺の背景にその写真を使っています。

そして、なんと帰りは3人で一緒に下山することになったのです。これまで何度も、さまざまな方法で出会った人たちと一緒に登ってその度にしんどい思いをしてきたというのに。どういう風の吹き回しでしょう！

正直に言えばそのときも「自分のペースで歩けないのはしんどそうだな」とも考えたのですが、それ以上に、ここであっさり別れてしまうのはもったいないと思ったのです。そして、彼らはもちろん私よりは歩くのが速かったのですが、私のペースを尊重してくれたのできついと感じることもなく、楽しく下山することができました。

このとき知り合った2人の男性とは、現在も折に触れて連絡を取り合う仲ですし、ごくたまにですが一緒に山を歩くこともあります。実は、登山を始めるきっかけの一つでもあった歩いてしか行けない温泉宿「手白澤（てしろさわ）温泉」※5にも、金峰山で知り合ってか

※5　実は、土曜日に1人で泊まると宿泊料金が高かったので、1人あたりの料金を安く抑えるために2人を誘ったのです。想像以上にすばらしい宿だったので、その後、平日に休みを取って1人でも泊まりに行きました。

ら約3年後、この2人と一緒に行きました。

とは言え、これ以降も私は1人で登山を続けています。八ヶ岳と金峰山に1人で登れたことで「自分のレベルに合った山を選び、無理のない計画を立てれば1人でも登れるんだ」という自信がある程度ついたのです。そして、私も含めて3人とも恐らく似たもの同士で、基本的に1人で登るのが好きなんでしょうね。山仲間としてのつながりは保ちつつも「いつも一緒に登る」関係にはなりませんでした。

この後の私は、山小屋泊でいくつもの山に登り、雪山登山、テント泊登山とステップアップしていくことになります。もちろん、その都度情報を集め、必要な装備を揃えて挑んでいくわけですが、新たなステップに踏み出すときは1人では不安が大きいものです。山仲間と呼べる友人ができたことで、初めての雪山は一緒に登る計画を立てたり、テント設営のコツを教えてもらったりできたので、安心して次のステップに踏み出せました。

1人が好きだけれど、1人きりで生きていくことはできません。いつも1人で山を歩いているからこそ、めずらしく気が合った仲間の存在はかけがえのないものに感じています。

日の出

金峰山の稜線

並んで歩く帰り道

金峰山小屋のワイン付き夕食

朝焼けに染まる富士山と私

ひとり登山はデメリットもある

結局のところ私は、「この人となら一緒に登るのも楽しい」という仲間との出会いを経た後も、基本的には1人で登る道を選び続けることになりました。とは言え、1人登山には多くのデメリットがつきまとうことはまぎれもない事実です。

一般的に「1人で登ってはいけない」と言われるのは「滑落・遭難しても気づいてもらえず危険」という安全面の理由が主なように思いますが、それ以外にも「1人で登ることのデメリット」はいくつもあります。

体力もお金も余計に必要

複数人で登るなら、テントや調理器具などの装備は分担して揃えたり持っていくことができますが、1人ならすべて自分で揃えて担がなければなりません。タクシー代やガソリン代など交通費も割り勘できないので、お金はかなり余計にかかります。

レベルアップに時間がかかる

熟練登山者に連れていってもらえば、1人では登れない山に登れてしまうことも往々にしてあります。ですが1人にこだわるなら、自分の力だけで登れる山を少しずつ増やしていくしかありません。

異性の登山者に絡まれやすい

男女交じったパーティでない限り2人以上でも絡まれることはあると思いますが、「この人、いつまで私の後ろを付いてくるんだろう？」というときの恐怖感が、1人のときは百万倍です。

それでもひとりで登るわけ

誰に気遣うこともなく自由でいられる

それでも1人で登り続けているのはやはり、誰に気遣うこともなく自由でいられるからです。

どこにいつ行くかを同行者と合わせる必要がないのでフットワークが軽く、行きたい山に行きたいときだけ行くことができます。天気や体調がいまいちで中止にするのも勝手だし、歩くスピードも自分任せ、立ち止まったり食べたり飲んだり写真を撮ったりするのもすべて好きなタイミングで行えます。誰かと一緒に歩くなら「ちょっと写真撮っていい？」などと、その都度声をかけて立ち止まらなければならないのですから、これは大きな違いです。

山だけに意識を集中できる

誰かと一緒だと相手との会話に気を取られてしまって、見たものや感じたことの印象が薄くなってしまいます。1人なら意識を完全に山に向けることができるので、他の余計なものを介在せずに思う存分山と向き合い、景色の美しさや吹く風の心地よさを味わうことができるのです。

「美しい景色を見ても誰かと感動を共有できないと楽しくない」という話もよく聞くのですが、私はそうは思わず、自分の中で噛みしめられれば幸せです。むしろ「今、このすばらしい景色の中に私1人しかいない！」というシチュエーションに興奮するタイプですね。

仕事でなかなか得られなかった「達成感」を得られた

登山を始めた当時、仕事では、計画どおりにいかなかったり目標に到達できなかったりして落ち込むことも多く、自分自身が成長を遂げたという実感もあまり感じられていませんでした。

会社勤めではチームワークが物を言うので「密にコミュニケーションをとって周囲の協力を引き出せる人」が組織の中で成功しやすい印象があります。人づきあいが苦手な私はうまく立ち回れておらず、なかなか結果に結びつかなかったのでしょう。

しかし、それに比べて1人登山では、完全に自分1人で計画・実行し、ときには1人で困難を乗り越えて目標に到達することができるのです。

1人で登山をしていると「この岩場を1人で乗り越えられるのか？」とか、急に天候が崩れて「目的地までたどり着けるのだろうか？」というような「あきらめて、もう帰ろうか」と悩む出来事に必ず遭遇します。

ですが、自分のレベルに合った山を選んできちんと計画して登っていれば、少しの遅れや予想外の出来事があっても、乗り越えられることがほとんどなのです。もちろん、本当に引き返したほうがいい場合もありますので見極めは重要ですが、たとえ引き返したとしても「深刻な状況に陥らずに帰ってこれた」ことは、それはそれで自信につながります。

仕事では得られなかった達成感を1人登山で得られ、自分への自信を取り戻すことができたのです。

1人なら、予算が許す限りいい装備を揃えたほうがいい

「1人で山に行くのは危ない」と言われます。グループ登山なら危険がなくなるわけではありませんが、1人登山では危険が伴う場面で「頼れるのが自分だけ」なことは間違いありません。1人で登るならよりいっそう、慎重に厳重に危険を取り除く努力をする必要がありますが、その方法の一つが「適切な装備を揃える」ことだと思います。

登山の装備は高価なので、いきなりすべてを揃えるのはなかなか難しいことではあります。私も、衝動買いした登山用ザック以外の装備は、家にあったもので代用したり安いもので間に合わせたりしながら、高尾や奥多摩の山に登っていました。

しかし、日本アルプスなどの高山に登りたいと思ったとき「とりあえず間に合わせた」装備では太刀打ちできないように思い、一大決心して装備を一式買い揃えたので

す。すると驚いたことに、間に合わせの装備で歩いていたときよりもずっと楽に歩けるようになりました。[※1]体力や筋力の足りない部分を、装備が補ってくれたのでしょう。

「初心者のうちからそんなにいい装備を買わなくてもいい」という助言をいただいたこともあるのですが、結局のところ「まだ初心者だから」と妥協して買った装備の多くは、1年も経たずに買い換えることになりました。「いい装備」のサポート効果が想像以上に高く、経験が浅くパートナーもいない私には不可欠だ、と思ったからです。

　それならば最初からいい装備を買っておけば安く済んだのかもしれませんが、実際に使ってみないと「どんな道具を」「何を重視して選べばいいか」[※2]はわからなかったようにも思います。

　この本を手に取ってくださった方には「1人で山を歩くつもりなら予算が許す限りいい装備を揃えたほうがいい」と伝えたいのですが、では「いい装備」とは何なのか？　最初は何から揃えればいいのか？　私なりの考えを書いてみたいと思います。

※1　登山で「より楽に歩ける」ということは「より安全に歩ける」と言い換えても良いと思います。軽量で高機能な装備を身につけることで安全に歩けるようになる……つまり、安全はある程度お金で買えるのです。

※2　高価なものが誰にとっても最良な選択とも言えないところが難しいところ。たとえば軽量な装備は値段が高くなる傾向がありますが、軽すぎるものは耐久性が低く、万人向けではなかったり、ということがあります。

私なりの「山の基本装備」の選び方

容量30L前後のザック

最初のザックは「日帰り登山から無雪期の山小屋泊登山まで」をカバーできる、容量30L前後のザックがおすすめです。

いずれ雪山登山やテント泊へとステップアップすることを考えると容量の大きなものが欲しくなりますが、大きなザックで日帰り登山に出かけると、中身がスカスカで見た目にもバランスが悪く、余裕があるので不要なものまで入れてしまったりとあまりいいことがありません。

選び方のコツは「ザック専門のメーカー[※1]」のものを購入することです。また、極端に軽量なものは初心者のうちはパッキングしにくいので、ザック自体の重量が1kgを切る超軽量なものは避けたほうがいいでしょう。

私が最初に購入したザックはカリマーのリッジ40でした。何年も使い続けてボロボロになってしまった後、少し容量の小さい30Lサイズのリッジ30に買い換えて、現在も愛用しています。

※1 有名どころでは、karrimor、deuter、Gregory、Ospreyなどが当てはまります。癖の少ない、いわゆる初心者向けのものがたくさん揃っているので、どれを選んでも失敗する可能性は低いでしょう。このあたりのメーカーはアウトドアショップにも在庫が豊富にあるので、実際に見て背負ってみてピンとくるものを探してみるのがいいと思います。

レインウェアはゴアテックスで上下を

山の天気は変わりやすいもの。「天気がいい日しか登らない」という方も、突然の雨に備えてレインウェアは必ず「ジャケット」と「レインパンツ」を両方買いましょう！

選ぶ際は防水透湿機能に優れた3層構造の「ゴアテックス ファブリクス3レイヤー」のものをおすすめします。新素材のレインウェアも多く出回っていますが、費用対効果で考えるとゴアテックス最強はまだ揺るがないと感じています。特にモンベルの「ストームクルーザー」というモデルはコスパが良いです。

実は私は「ゴアテックスではない安価なもの」を最初に購入したのですが、夏山で雨に降られたときに蒸れて苦痛だったため、1年ぐらいで買い換えることになってしまいました。現在はTHE NORTH FACEのクライムライトジャケット&パンツを愛用しています。メーカーやモデルによって動きやすさやサイズ感、脱ぎ着のしやすさに差があるので、デザインと価格だけで決めてしまわず、試着してからの購入がおすすめです。

「登山靴専門メーカー」のミッドカット以上の登山靴

登山靴を選ぶポイントは3つあります。「滑りにくいビブラム社製のソール」「足首まで保護してくれるミッドカット以上のもの」「登山靴を専門に作っているメーカー製[※2]」であることです。私は、LOWA（ローバー）というドイツの登山靴メーカーの靴を愛用しており「タホープロ」というモデルは見た目も格好よく歩きやすいので大のお気に入りです。

足に合う靴は人によって異なりますので、いくつか履いて歩いてみてから選ぶのが良いのですが、試し履きの際、お店の方に「どこの山に行こうと思っているの？」と聞かれることがあります。これは初心者にとって実は難易度の高い質問です。

いつかはアルプスに登りたいけど、初心者の私がそんなことを言ったら「アルプスのどこ？」と聞かれたり、「山を舐めるな！」って怒られないかな？と不安に思ったのです。

それから10年近い時が経ち、「いつかはアルプスに登りたい」が目標なら、こう答えるのがいいのではないか？と思っています。

「上高地から槍沢ルートの往復で、山小屋に泊まって槍ヶ岳に登りたい」

そこそこの重量の荷物を背負って1日8時間程度歩き、険しい岩稜を登る部分もあるバラエティに富んだルートです。危険度はそれほど高くないので、初心者が目標にするのにちょうどいいと思います。

「槍ヶ岳を山小屋泊で槍沢ルート」これを呪文のように覚えておけば、きっとお店の方が、いくつか靴の候補を並べてくれるでしょう。そして本当にすばらしい山ですので、いつかぜひ、登ってみていただきたいです。

※2 SIRIO、Caravan、SCARPA、LOWAなどがパッと思い浮かびます。MAMMUTの登山靴は、2003年に買収した登山靴メーカーのRaichleが作っていますので、こちらも含めて良いと思います。

愛用しているLOWAのタホープロ

登山靴の試し履きのときから履いておきたいソックス

足はかなり汗をかきますので、登山用のソックスを用意したほうが良いでしょう。メリノウールのソックスなら匂いも気になりにくく、汗で濡れても冷たくなりにくいのでおすすめです。

ソックスが変わると登山靴の履き心地が変わってくることもあります。できれば登山靴を買う前にソックスを購入し、靴の試し履きをするときから履いておくのが良いと思います。

ヘッドライトはペツル派

フランスのクライミングギアメーカー「ペツル」のヘッドライトがおすすめです。見た目も格好良く、作りがシンプルなので壊れにくいと思います。

最近は「モバイルバッテリーからも充電可能な充電池」付きのモデルもあり、さらに便利になりました。

もしものときのためのサバイバルシート

日没までに自力で下山することができず、山中で夜明けを、あるいは救助を待つ……。想像したくないシチュエーションですが、何があるかわからないのが山ですか

ペツルのヘッドライト

モバイルバッテリーからも充電できる

ら、備えておかなくてはいけません。

そんなときはレインウェアなどすべての衣類を着込んだ上で、サバイバルシートで身を包むと体温が奪われるのをある程度防ぐことができます。私は、耐久性のある「ＳＯＬエマージェンシーブランケット」を、いつもザックの中に忍ばせています。

濡れと汚れを防ぐレインスパッツ

激しい雨のときにレインウェアだけでは靴の履き口から中に水が入ってしまうため、ふくらはぎからくるぶしあたりまでを覆うのがレインスパッツです。

雨の日以外も、降雨後や雪解けで道がぬかるんでいるときに使うと靴下やボトムスの濡れや汚れを防げるので便利です。メーカーによる大きな違いはなく、３０００円ぐらいで購入できるもので十分役に立ちます。

荷物の濡れを防ぐザックカバー

雨の日にザックに水が浸入しないように被せるカバーです。

横殴りの雨だとカバーを着けていても多少濡れてしまいますが、ないよりはあったほうが絶対にいいので、購入したザックのサイズに合わせて用意すると良いでしょう。

カラフルなレインスパッツがお気に入り

雨天時以外もボトムスの汚れ防止に使える

速乾性素材の登山用ベースレイヤー

シャツやボトムスなどのウェアは、レインウェアや登山靴と比べると手持ちのもので代用しやすいアイテムです。ただ「できれば山用のものを買っておいたほうがいい」のが、肌に直接触れるインナー（ベースレイヤー）です。

綿素材やいわゆる「ヒートテック素材」は、山では汗をかいた後に乾きにくかったり、体を冷やしてしまうため、避けたほうがいいと言われています。

「登山用」として売られているウェアは、速乾性のある化学繊維やメリノウールを使用しています。専用の登山ウェアを一気に揃えるのは大変ですが、まずはインナーだけでも取り入れてみるのがおすすめです。

コンパクトに畳めるフリース

夏しか登山をしなくても、ある程度高い山に登るのであれば防寒具は必要です。「気温は高度が100メートル高くなるごとに0・6度低くなる」という法則があり、標高3000メートルの山なら18度も気温が下がります。日本アルプスのような高山では真夏でも気温10度以下になることも珍しくありません。

防寒具も速乾姓のある素材のほうが望ましいので、最初の1枚にぴったりなのがフリースです。「登山用」として売られているフリースは軽量で畳むとコンパクトになるので荷物を減らせてよいですが、とりあえず手持ちのものでもフリースがあれば良いと思います。

帽子と手袋も忘れずに

晴れた日の山の日差しは強烈ですから、夏山では特に帽子を被らないと熱中症になる恐れがあります。高機能なものを買う必要はないので、サイズが合っていてデザインが気に入ったもので良いと思います。

また、春先や秋口は朝夕など冷えますので、手袋を用意したほうがいいでしょう。私のおすすめは「アクシーズクイン」という日本のメーカーのもの。海外メーカー製はSサイズでも大きかったりするのですが、日本生まれのアウトドアブランドであるアクシーズクインの手袋はフィット感が違うなと感じます。

地図はスマホにダウンロードし、できる限り紙でも用意する

ここ数年、スマートフォン用の登山地図アプリ[※3]が増え、非常に便利になりました。

Ｇｏｏｇｌｅマップなど一般的な地図アプリは、電波のない場所では利用することができませんが、登山地図アプリは、出かける前に地図データをダウンロードしておけば電波のない山中でも使うことができます。ＧＰＳで現在地を確認することができるため、道迷い防止にものすごく有効です。何かしらを必ずインストールしておく

※3　「山と高原地図」「YAMAP」「ヤマレコMAP」などがあります。「山と高原地図」は「高尾山」以外の地図データが有料となり、他の2つのアプリも一部有料の機能もありますが、ダウンロードは無料ですので使い比べてみると良いかと思います。

ことを強くおすすめします。

ただ、スマホアプリは便利ですが、万が一スマホが故障したり充電切れしたらまったく使えなくなるという欠点があります。充電切れを防ぐためのモバイルバッテリーと、できれば紙の地図も用意しておくと安心感が増します。私自身は紙でもアプリでも、情報量が多い「山と高原地図」を使うことが多いです。

スポーツタイツがあると疲れ方が違う

「必須ではないけれど持っていると疲れにくく楽に歩ける」秘密兵器的な山道具が2つあります。1つは「機能性タイツ」と呼ばれるスポーツタイツです。値段も効能も商品によってさまざまですが、登山では「筋疲労や関節疲労を抑える」ものが有効だと思います。

私はワコールのCW-Xのスタビライクスモデルをずっと愛用しており、たしかな効果を感じています。

トレッキングポールが気持ちに余裕を与えてくれる

秘密兵器的なアイテムのもう1つがトレッキングポールです。片手で使うT字型と、両手に1本ずつ持って使うI字型があり、私はI字型が使いやすいと思っています。I字型は2本1セットで使うので「Wストック」と呼ばれたりもしますね。

ジャパンブランドの「シナノ」のポールが好きで、最近は「レバーロックの折りたたみ式[※4]」のモデルを愛用しています。シナノのホームページには「トレッキングポールの正しい使い方」や「メンテナンスの仕方」が詳しく載っているので、他メーカーのものを買われた方もぜひ一読をおすすめします。

※4　トレッキングポールは、短くするときの構造の違いによって「折りたたみ式」と「伸縮式」の2つに分かれます。また、長さを調節する仕組みに「レバーロック」と「スクリューロック」があり、レバーロックのほうが手軽ですが、やや高価です。

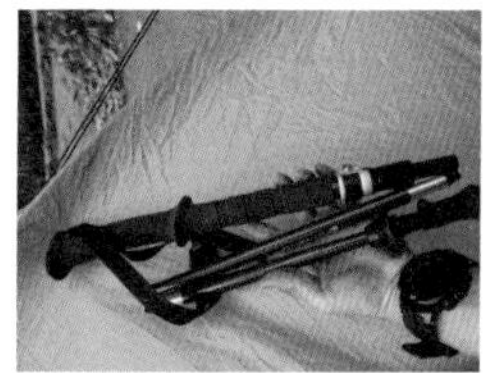

愛用しているシナノの折りたたみ式ポール

ひとり山おすすめリスト

私自身が登山を始めたころに登った山についてをここまでご紹介しましたが「1人で登山を始める際にどんな山がおすすめか」についてもう少し触れてみたいと思います。

ただし、地図や具体的なルート、交通機関についてまでを記すことは難しいため、興味を持たれた山についてはご自身で地図を手に入れ、詳細な情報を調べて挑んでいただきたいです。登山の楽しみはＲＰＧと似ています。地図を手に入れ、情報を集め、旅の支度を調（ととの）えるところからがスタートなのです。

まずは「登らない山歩き」を楽しむ

「1人登山は装備をしっかり整えて」始めることをおすすめしましたが、そこまでお金をかける覚悟はまだない、という方にはまず「登らない山歩き」をおすすめしたいです。

「山頂」を目指さないぶん、体力的には楽で危険も少ないけれど、すばらしい景観を楽しめます。

滝や川の流れが美しい「戦場ヶ原」

栃木県日光市にある高層湿原です。バスの便が良く、首都圏から公共交通機関でもアクセスしやすいのがうれしいポイント。

おすすめは竜頭の滝から湯元温泉方向に向かう「湯川」沿いの道。「ここは日本か?」と疑いたくなるほど、川の流れとその周りの木々が織りなす風景が美しいのです。また、高山植物が咲き乱れる湿原の木道を歩きながら、男体山の雄大な姿を眺められることや、湯滝を滝つぼの近くから眺められるのもすばらしいです。

湯滝の上流には、私が初めての1人温泉旅でおとずれた「日光湯元温泉」があります。戦場ヶ原を歩いた後は、「温泉寺[※1]」で日帰り入浴もいいですね。

遠くても一度は行きたい「奥入瀬渓流」

青森県と秋田県の県境にある「十和田湖」から流れる奥入瀬(おいらせ)川の渓流や、美しい滝を眺めて楽しめる景勝地です。渓流に沿って遊歩道を歩いていくのですが、実は、すぐそばを車道も走っています。「一番見たいところ」だけは歩いて眺めて、あとは車やバスに乗って移動できるという懐の広いハイキングコースです。

十和田湖の周辺エリアには「蔦(つた)温泉」や「谷地(やち)温泉」「星野リゾート奥入瀬渓流ホテル」など、個性溢れる温泉宿がたくさんありますので、青森遠いなと思われる方も多いと

戦場ヶ原の湯川

※1 日光湯元温泉にある、世界遺産「日光山輪王寺」(にっこうざんりんのうじ)の別院です。午前8時から17時頃まで、大人500円で、乳白色の温泉を日帰り入浴で楽しむことができます。(冬季は休業)

思いますけど、ぜひ一度おとずれていただきたいです。

「小学3年生が遠足で登る山」へ行こう！

登山靴を買うかどうかで迷っているとき、あるいは登山靴を買って初めて行く山として候補にしていただきたいのは「小学生が遠足で登る山」※2です。

地域によっては5～6年生は本格的な山に登ることもあるため「小学3年生が遠足で登る山」がいいと思います。山頂まで2時間程度で到達でき、登山靴がなくても登れる安全な山なので初心者にちょうどいいのです。東京ならもちろん「高尾山」でしょうね。

ここで紹介した以外にも全国にたくさんの「遠足山」があると思いますので、地元の方に聞いて計画してみましょう！　もちろん、自分自身が昔遠足で登った山に大人になって登ってみるのも、なかなか味わい深いですよ。

富士山の景観が抜群「金時山」

神奈川県の箱根にある標高１２１２メートルの山です。昔話の金太郎のモデルになった坂田金時を祀る金時神社が登山口になり、２時間ほどで登頂可能です。登山道の途中には「金時宿り石」など金太郎にちなんだ巨岩が点在し、眺めながら歩けるのも楽しいですね。それになんと言っても山頂からの富士山の眺望が抜群です！　山頂

※2　私の地元、山形県庄内地方の小学校では小学3～4年生は「羽黒山」へ、小学5～6年生は「月山」に登りました。月山は、登山靴を買って初めて登るにはややハードルが高いです。

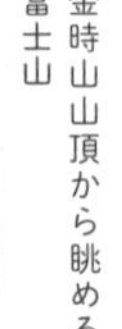

金時山山頂から眺める富士山

では、マサカリ（とても軽い）を担いで記念写真を撮ることができますが、1人では恥ずかしいので私は担いだことがありません……。

下山すれば箱根の仙石原温泉がすぐそこです。のんびり1泊してもいいし、日帰り入浴[※3]でも乳白色の硫黄泉を楽しむことができます。

北関東エリアなら「筑波山」

北関東の遠足山の定番と言えば筑波山でしょう。ケーブルカーやロープウェイも通じており、利用すれば山頂のすぐ近くまで行くことができますが、麓から登ればなかなか登り甲斐がある山です。

いくつものルートがありますが、おすすめは筑波山神社から登り始める御幸ヶ原（みゆきがはら）コースです。ケーブルカーが頭上ですれ違う様子が見られたり、9月下旬頃に登ったときは彼岸花の群生が美しかったです。下りは疲れ具合によってロープウェイやケーブルカーを利用してもいいし、体力に余裕があれば別のルートで下山してもいいでしょう。

ロープウェイやバスで一気に高度をあげる山へ

登山口の標高が高いところにあるために、比較的楽に登ることができる山です。まずは楽して高所登山の楽しさを存分に味わってから、より困難な山に挑戦していくの

※3 金時神社から徒歩15分の「マウントビュー箱根」が私のお気に入りです。シャンプー類やドライヤーもしっかり揃っているので下山後の温泉に最適で、露天風呂もあります。

遠足で登る山と侮れない、筑波山からの眺望

が良いと思います。

いかにも火山らしい景観に興奮！「茶臼岳」

那須岳の主峰「茶臼岳（ちゃうすだけ）」は標高１９１５メートルの山ですが「那須ロープウェイ」[※4]に乗ればあっという間に標高１６９０メートル地点へ連れていってもらえます。ロープウェイを降りると火山らしい赤茶けた砂地の登山道が始まり、それから30分ほど岩の登山道を登れば山頂に到着！　硫黄の香りが漂い、あちこちから噴気のあがるいかにも火山らしい景観を楽しみながら歩ける山です。

また、火山の恵みで周辺には温泉地が多く、下山後の温泉も「大丸（おおまる）温泉」「那須湯元温泉」などよりどりみどりなのがうれしいですね。

気軽に稜線歩きを楽しめる「大菩薩嶺」

中央線甲斐大和駅から標高１５８０メートルの「上日川峠（かみひかわとうげ）」までバスが出ており、歩き始めてから1時間30分ほどで標高２０５７メートルの山頂に至ります。実は山頂では、笑ってしまうほどまったく眺望がありません。しかし、山頂から「大菩薩峠」に向かう道では富士山を眺めながら気持ち良い稜線歩きが楽しめます。

首都圏から交通の便が良く気軽に足を運びやすいですし、下山後は甲斐大和駅の隣の駅の勝沼ぶどう郷（きょう）駅に移動し、ぶどうの丘[※5]でワインの試飲と温泉を楽しむのが私の

※4　風が強い日はロープウェイが運行しないこともありますので、公式Twitterアカウント（@nasuropeway）で運行情報をチェックしてください。

※5　山梨県甲州市勝沼町にある、約１８０種類の山梨県産ワインが有料試飲可能なワインカーブ、ワインレストラン、日帰り温泉や宿泊施設などが集まる施設

定番コースです。

本当は誰にも教えたくないぐらい好き「秋田駒ヶ岳」

「一番好きな山はどこですか?」と質問されることがたまにあります。一つに絞ることが難しいのですが「もしかしてここが一番かも」と思っているのが、秋田県仙北市にある標高1637メートルの活火山、「秋田駒ヶ岳」です。

標高1300メートルの8合目登山口までバスが通じており、ほんの2〜3時間の山歩きで火山らしい荒涼とした風景と、夏は咲き乱れる高山植物、秋は燃えるような紅葉を楽しむことができます。周辺に温泉地が多いので、時間と体力に余裕があれば乳頭山まで縦走して乳頭温泉郷に下山し、秘湯の温泉巡りを楽しむのもいいですね。

ニッコウキスゲが咲く秋田駒ヶ岳の阿弥陀池

奥入瀬渓流

秋田駒ヶ岳の斜面に咲くチングルマ

ロープウェイを降りたらいきなり絶景

紅葉の秋田駒ヶ岳も美しい

那須岳から関東平野を眺める

私の大好きな山小屋たち

テント泊の装備を揃えた今も、あまり混んでいないタイミングを狙って山小屋[※1]に泊まるのがとても好きです。私自身が何度も泊まっている、お気に入りの山小屋をご紹介したいと思います。

厚切りトーストとリス「北八ヶ岳しらびそ小屋」

北八ヶ岳の森の中、みどり池の畔にある小さな山小屋が「しらびそ小屋」です。「天狗岳」や「にゅう」に登る際に泊まる方が多いですが、あえてピークを目指さず、しらびそ小屋に泊まることを目的にしてもいいくらい素敵な小屋だと思います。

朝食で提供される、薪ストーブで焼いた厚切りトースト（予約制・宿泊予約時に要確認）が有名ですが、実は夕食も品数豊富で大変おいしいです。軒下には時折リスが遊びに来て、心をなごませてくれます。

異様においしいカレーと温泉「安達太良山くろがね小屋」

福島県安達太良(あだたら)山の山腹に建つ温泉付きの山小屋です。すぐ近くで湧く白濁の硫黄泉に、滞在中何度でも浸かれるのが本当に贅沢！　深夜と朝は入浴できないので早め

※1　2020年は新型コロナウイルス感染拡大防止のため、営業状況がこれまでと変わっている山小屋がほとんどです。ここでご紹介した内容と異なる場合もあると思いますがご了承ください。お出かけの際は必ず、最新の状況を確認して予約をしてから行きましょう！

くろがね小屋の夕食のカレー

にチェックインして、明るいうちから温泉三昧がおすすめです。夕食は、やや甘めで異様においしいカレー。絶対おかわりしてしまいます。

令和3年以降建て替えを予定していますが、建て替え後もカレーとすばらしい温泉は変わらないでほしいなと願っています。

日の出と夕日、夜景も美しい「丹沢 尊仏山荘」

神奈川県の丹沢山塊、塔ノ岳の山頂に建つ山小屋です。登山口までのバスの便も良く、6時間程度で往復できるため日帰りする方が多いのですが、私はあえて泊まって楽しんでいます。

塔ノ岳の山頂からは富士山が大きく見えますが、小屋に泊まれば富士山のすぐそばに沈む夕日、夜景、そして日の出までフルコースで楽しめるのです。また、1年のうち数日だけですが、日の入りのタイミングで「ダイヤモンド富士[※2]」が見られる日もあります。

「百名山」は公共交通機関利用の単独女子ハイカーに優しい

気がつけば「日本百名山[※3]」のうち86座に登っていました。百名山すべてに登ろうとする登山者も多いですが、私は特にそれを目指しているわけではありません。

百名山には遠方からも多くの登山者がおとずれるため、登山口まで公共交通機関で

※2　富士山の山頂から朝日が昇ったり、山頂に夕日が沈んだりすることをダイヤモンド富士と言います。ダイヤモンド富士の日は尊仏山荘もかなり混み合いますので、私はその日は泊まりませんが、興味のある方は調べてみると良いかと。

※3　文筆家で登山家でもあった深田久弥の随筆集ですが、その中で選定された百座のことも「日本百名山」とか「百名山」と呼びます。

も行きやすかったり、宿泊施設や登山道も整備されていることが多いのです。それに本当にすばらしい山が多いので「迷ったら百名山[※4]を選んでおけば間違いない」というようなところがあります。

特に1人で登る女性は「あまりにも誰もいない山」は不安を覚える方も多いのではないでしょうか。百名山なら平日やオフシーズンでも誰かしら歩いていますので、安心感があると思います。

都内から冬も日帰り登山できる貴重な山「谷川岳」

「遭難死が世界一多い山[※5]」として有名な谷川岳も日本百名山の一つです。ロープウェイを利用して「天神尾根」を登れば、それほど危険箇所もなく山頂を往復できます。

新幹線の上毛高原駅から谷川岳ロープウェイ行きのバスが通年運行しているため、1年中都内から日帰り登山が可能なのが本当にありがたいです。登山口行きのバスは冬期休業してしまうことが多いので、雪のある時期に東京から電車で日帰りできる山って本当に少ないのです。これからも安全登山を心がけつつ、何度も登りたい大好きな山です。

「鳥海山」鳥海ブルーライナーのありがたさ

「出羽富士」とも呼ばれ、私の故郷の山形県庄内地方からその美しい姿を眺められる

※4　好みもあるので「深田さん、どうしてこの山を選んだの？」という山もないことはないですが……確率としてはとても低いです。

※5　群馬県と新潟県の県境にある谷川岳は、バリエーションルートと呼ばれる上級者向けのルートは危険度が高く、遭難による死者の合計数は世界一で、ギネス世界記録にも記載されているとか。一般ルートは危険度は高くありませんが、きちんとした登山装備は必須です。

鳥海山も日本百名山の一つです。かつては酒田から登山口行きのバスが運行していましたが、数年前に廃線[※6]となってしまいました。

しかし、ありがたいことに秋田県象潟(きさかた)市のタクシー会社が完全予約制の乗合登山バス「鳥海ブルーライナー」を運行してくれていたので、それを利用して鳥海山に登ることができました！　梅雨の晴れ間の鳥海山はニッコウキスゲが咲き乱れる天国のような山で、季節を変えてまた登りたい！と強く思いました。鳥海ブルーライナーは2020年は新型コロナウイルス感染拡大防止のため運行を休止していますが、再開の日を心待ちにしています。

「富士山」だって1人で登れる

日本一の標高を誇る「富士山」も日本百名山の一つです。交通機関も山小屋も登山道も整備されていますが、人が多すぎてちょっと食指が動かない……と思っている方もいるのではないでしょうか？　かつての私もそうでした。

しかし、よく調べると平日でもぎちぎちに混み合っているのは山梨県側の「吉田ルート」のみだと知り、平日に「プリンスルート」[※7]を歩いたら驚くほど人の少ない富士山を楽しむことができました。2020年の夏は富士山に登ることはできませんでしたが、いつかまた、プリンスルートを歩きたいなと思っています。

※6　地元の方は車で行きますから、登山口行きのバスに乗るのは遠方からの登山客だけ、ということが多いです。定期運行のバス路線を維持するほどの乗客は見込めず、廃線となる路線が増えており、危機感を覚えています。

※7　静岡県側の富士宮口から入山して宝永山を経由し、御殿場ルートに合流するルートです。宝永山の火口を眺められる通好みな道ですが、今上天皇が皇太子時代に歩いたことから「プリンスルート」と呼ばれています。

ロープウェイが通年運行する
谷川岳で、雪山登山

しらびそ小屋の薪ストーブで焼いた
トーストの朝食

ニッコウキスゲ咲き乱れる鳥海山

くろがね小屋の源泉かけ流しの浴室

プリンスルートを歩いて富士登山

塔ノ岳の尊仏山荘に泊まって眺める夕日

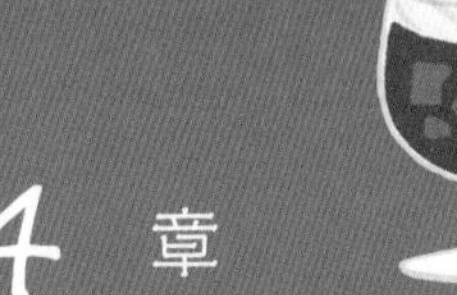

第4章

ひとり旅

旅は楽しい、それがひとりでなら尚更
プチ湯治、テント泊登山、グルメ旅など
お酒も温泉も山もひっくるめて楽しんだ、
8つの旅のきろく

仕事帰りに旅をする（2020年7月）

東京都・渋谷

「遠くに行く」ことだけが旅だとは思わない

日常から一歩踏み出せば、そこから旅が始まる

温泉と山が好きであちこち出かけていたら、いつの間にか「旅が好きな人」と呼ばれていました。

「旅がしたい」と思っていたわけではないので、はじめは少し不思議な気もしたのです。「温泉宿に泊まる」と「山に登る」は旅っぽい要素ではあるものの、それ以外の時間は喫茶店で本を読んだりブログを書いたりしているだけでしたから。普段と同じことをやっているのに、これは旅と言えるのか、旅って何なのか?と。

旅を英語で「trip」と言いますが、同じ単語が「幻覚を見たり陶酔状態になったりすること」に対しても使われます。このことは偶然ではないのかもしれません。住む場

所から遠く離れたときは、普段と同じことをしていてもなにかフワフワとした、気分が高揚する感覚があります。きっと、遠くに来たことによる非日常感で、軽い興奮状態にあるのでしょうね。

そう考えると、必ずしも遠くに行かなくとも「日常から一歩踏み出す」ことができれば、それは旅と言えるのではないでしょうか。たとえば自宅の近辺でも、あるいは会社帰りにだって旅はできるのではないか、と。

湯に浸かった後は景色が変わって見える

２０２０年の7月、仕事を終えて会社を出ると、駅とは逆方向に向かって歩き始めました。向かった先は渋谷と恵比寿のちょうど間あたりにある銭湯「改良湯」です。創業１００年以上の歴史を持つ銭湯で、２０１８年にリニューアルオープンしたと聞いて、以前一度だけ来たことがありました。そのときはあまり時間がなかったのですが「会社帰りにお風呂に入ると一気に気分が変わるんだな」と思い、もう一度その感じを、じっくり味わいたいと思っていたのです。

改良湯の目印は大きな鯨の壁画です。住宅街の中にいきなり2階分の高さがある壁画が現れるので、2回目だけどやっぱり驚いてしまいます。のれんをくぐり、入浴券を買って脱衣所に入ると、幸いそれほど混んでいませんでした。

化粧を落とし、頭も洗ってお湯に浸かります。温泉ではありませんが、軟水のお湯

改良湯の大きな鯨の壁画

で肌あたりが柔らかく、熱すぎないのがいいのです。42度の浴槽のほかに38度の高濃度炭酸泉が楽しめてお得感もあります。それから女湯の脱衣所にあるドライヤーが「ヘアビューザー」という、ちょっといいドライヤーなのも素敵です。

髪を乾かし、少しだけメイクをして、湯上がりにサイダーが飲みたかったけど、我慢して外へ。

明治通りを渋谷駅方向に歩きます。お風呂に入った後だと、街の灯りも湿り気を含んだ夜の空気も、普段とは違うもののように感じられるのが不思議です。

並木橋の交差点を青山方向へ曲がり「こんなところに昔ながらの喫茶店があるんだな……」などと周囲を観察したり。職場から徒歩圏内ですが、まったく歩いたことのない通りなので、時折スマホで地図を確認しながらネットで予約しておいた[※1]「串打ち大地」という焼きとんのお店にたどり着きました。

席と席の間が十分に空いた、ゆったりとした造りの店です。カウンター席の端に通され、クラフトビールの「馨和（かぐあ）」を注文します。風呂上がりのビール！　サイダーを我慢した甲斐がありました。

料理は、4000円でいろいろ食べられるおまかせコースがあると聞き、それをお願いしました。1品目の「しば漬けポテトサラダ」をつまみながらビールをごくごくと。ほんのり柚子（ゆず）っぽい酸味のある白ビールと、しば漬けの酸味がよく合います。

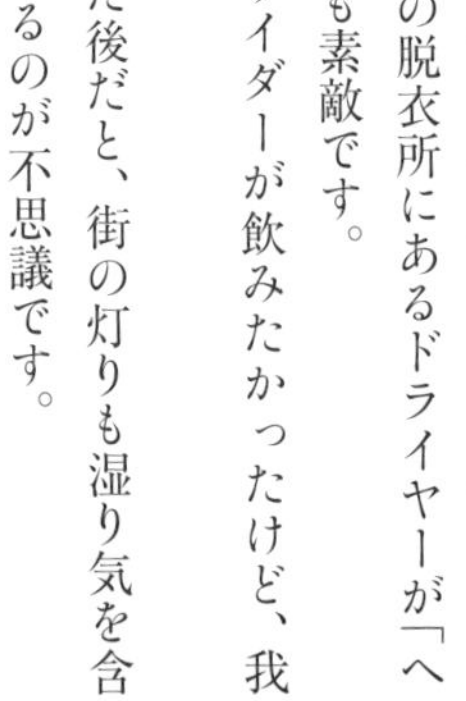

明治通りを歩く

※1　飲食店の予約サイトでは、1名から予約できる店はあまり多くありません。でも、逆に言えば1人でもネット予約可能な店なら、1人飲みのお客さんを歓迎してくれるお店と考えて良いのではないか？と思います。

おまかせコースは焼きとん多めとか、つまみ多めなど希望に沿って組み立ててくれるとのこと。野菜にもこだわっているそうで、その後に提供された「ミニトマトのお浸し」も、ミニトマトの中からじゅわっとおいしい出汁が染み出る素敵な一品でした。

焼きとんが出始める頃にビールがなくなったので「奥吉川（おくよかわ）」という日本酒を注文します。

レバー、ハツ、かしら、チレ、ひぞう……焼きたての豚の旨みを噛みしめました。

コースの焼きとんが終わった後、もう少しつまみたかったので「塩もつ煮込み」を注文すると、1人用に小さめサイズで作ってくれました。塩レモンのさっぱりとした味わいで、つい、日本酒をおかわりしてしまいます。

「またぜひ、お待ちしております！」

見送られてお店を後にしました。

一風呂浴びた後に歩いたことのない路地に入り、初めての店に入れば、会社帰りでも旅気分を味わえるんだな。そう思いながら、ふわふわした気分で駅までの道を歩きます。

仕事や生活が慌ただしかったり、さまざまな事情で遠くに出かけられない時期も、人生の中でたびたびおとずれます。しかし「会社帰りでも、家の近所でも旅ができるんだ」と思えば、そんなときでも案外楽しく過ごせるのではないかと思うのです。

日本酒はワイングラスで

串打ち大地の外観

ミニトマトのお浸し

ゆったりとしたカウンター席

焼きとんは1本ずつ出していただく

1杯目にいただいたクラフトビール

塩もつ煮込み小さめサイズ

しば漬けポテトサラダ

誰かと旅した場所を、改めてひとりで歩く

憧れの「歩いてしか行けない温泉」へ（2019年6月）
栃木県・奥鬼怒温泉郷

季節を変えて何度でも同じ場所に行きたい

「旅をするなら行ったことがない場所がいい」という方も多いと思います。ですが私は、何度も同じ宿に泊まるし、気に入った飲食店には旅先でも通いたいし、同じ山に繰り返し登りたいタイプです。

季節や天候によって景色はまったく違って見えますし、宿なら食事の内容が変わったり、温泉の温度や匂いが変化することもあり飽きません。また、気に入った飲食店ではできる限りいろんなメニューを味わいたいと思うのです。新しい場所に行きたい気持ちもありますが「ここは本当にすばらしいな！」と思ったら、一度しか行かないなんてもったいない、と思ってしまいます。

前回は冬に3人で、今回は初夏に1人で

奥鬼怒温泉郷の「手白澤温泉」は、登山を始める前に憧れていた「歩いてしか行けない温泉」[※1]でした。1人でも泊まれますが割高になるので、最初は山仲間[※2]と3人で、2014年の3月上旬に泊まったのです。

山の中では3月上旬はまだ真冬。雪深い道を滝がそのままの形で凍りついた氷瀑を見つけたりしつつ歩いて、3時間ほどかけて宿に着きました。

露天風呂はもちろん雪見露天です。外が寒すぎるので、一度お湯に浸ると出られないぐらいでしたが、温泉は気持ちよく、食事もおいしく、最高に楽しい山の温泉旅だったので、また絶対来るぞ！と心に誓ったのです。

2019年の6月下旬、金曜日に休みを取って、今回は1人で手白澤温泉に向かうことにしました。

新宿駅から東武線直通の特急「日光」に乗り、下今市（しもいまいち）駅で乗り換えて鬼怒川温泉駅へ。そこから1時間半ほどバスに揺られて終点の「女夫渕（めおとぶち）温泉バス停」に着きました。近隣にある「八丁の湯」や「加仁湯」の宿泊客は迎えの車に乗り込みますが、私はここから2時間少々歩くのです。

梅雨の最中（さなか）なので天気を心配していましたが、幸いにもとても良い天気！　本当に

※1　174ページ参照。

※2　第3章の金峰山小屋で出会った2人の山仲間と一緒に行きました。もし私1人で歩いたら、周りを見ずにどんどん先に進んでしまって、氷瀑は見落としてしまったと思います。初回は仲間と一緒でよかったです。

女夫渕温泉バス停

ラッキーでした。森の中の道なので多少の雨ぐらいは大丈夫、と思ってはいたものの、晴れてくれるならそれに越したことはありません。

新緑の季節が終わり、緑がどんどん濃くなっていくこの頃。木々の隙間から降り注ぐ日差しは夏よりも柔らかです。登山道沿いに流れる沢の水を手ですくい、水の感触を楽しみます。

前回冬に来たときは雪が積もっていたので、同じ場所とは思えないほど違う景色でした。この景色が見たかったのです。

2時間少々歩いてたどり着いた手白澤温泉では、優しそうなご主人と犬が出迎えてくれました。犬は、床で気持ち良さそうに寝ていましたが、寝姿がかわいくて癒やされます。

洗面所とトイレ付きの広くきれいな和室で、一休みした後はお風呂へ。

手白澤温泉の源泉は、濃厚な硫黄の香り[※3]のする単純硫黄泉。カランのお湯まで温泉です。

内湯も大きな窓がついていて、風通しが良い浴室です。毎分300リットル湧出する豊富な源泉が、贅沢にかけ流されています。

露天風呂は緑の木々に囲まれ「自然の中でお風呂に入っている」シチュエーションを楽しめます。青みがかった新鮮なお湯は熱すぎずぬるすぎず、のんびり湯浴みを楽

手白澤温泉に向かうハイキングコース

※3 「硫黄」は本来無臭で、硫黄泉の香りは正しくは「硫化水素臭」と言うのだそうですが、気分的に「硫黄の香り」と言わせてください!

しめました。

お風呂上がりは浴衣姿で冷えた缶ビール[※4]をプシュッと！

部屋にはエアコンもテレビもありません[※5]が、窓を開ければ心地良い風が入ってくるし、鳥の鳴く声も聞こえてきます。そんな中で飲むビール、おいしいに決まっていますよね。

だらだらしているうちに夕食の時間になり、ダイニングへ。

外の景色が見える席を用意していただきました。この日1人で泊まっていたのは私だけでしたが、テーブルの間に衝立があり、人目が気にならないのがありがたかったです。

お酒は栃木の地酒「四季桜」の純米酒をいただきます。

前菜から「鹿刺し」「山みずのお浸し」「独活(うど)のきんぴら」「うるいのお浸し」と、山菜とジビエの目白押しで興奮しました。

手白澤温泉の料理は和洋折衷のコース料理です。前回、冬に来たときはビーフシチューがメイン料理でしたが、今回のメインは「牛肉のオニオントマトソース」で、夏野菜がたっぷりとあしらわれた一品でした。

コーヒーと紅茶はセルフで好きなだけいただけます。デザートのりんごのシャーベットと一緒にコーヒーをいただいて、お腹いっぱいになりました。

※4　手白澤温泉には自動販売機はありませんが、廊下に冷蔵庫が置いてあり、そこでお金を入れて冷たい飲み物を購入することができます。

※5　ちなみに、携帯電話も会社によってはつながらないことがあるようです。私はドコモですが、ドコモはつながりました。

牛肉のオニオントマトソース

部屋に戻り、酔い覚ましに読書をしていると静かに夜が更けていきます。前回は山仲間との久々の再会だったから、いろいろ馬鹿な話をして遅くまで起きていたんだよなあ、と思い出したり。

でも、たぶんこうやって1人で静かに旅をする時間があるからこそ、久々の再会を楽しみにできるんですよね。毎回一緒に旅していたら、それはそれで面倒に思ってしまうのでしょう……。

深夜にもう一度お風呂に入ってふかふかの布団で眠り、朝風呂に入って野菜たっぷりの朝食をいただきチェックアウトします。

玄関で寝ている犬に別れを告げて歩き始めます。名前は知らないけれど犬よ、きっとまた来るよ！

来たときと同じ道を歩いて帰るのですが、行きには見つけられなかった、神秘的な雰囲気の滝を見つけました。同じ道でも歩く度に違う発見があるんですよね。

2時間ちょっと歩いてバス停に戻り、バスで鬼怒川温泉駅へ。

ハイキングの汗を流すために、温泉ホテル「仁王尊プラザ[※6]」に日帰り入浴に伺いました。

手白澤温泉の朝食

※6 東武ワールドスクエア近くにある温泉ホテルです。鬼怒川温泉駅から徒歩20分、タクシーで1000円程度の場所にあります。ややぬるめのお湯がたっぷりとかけ流されている、鬼怒川で一番好きな温泉です。

庭に大きな仁王像があったり、釣り堀があったり、船を浴槽にした露天風呂があったりと、ちょっと不思議なホテルですが、お湯が極上なのです。ぬるぬる感が強い強アルカリ性の源泉で、ややぬるめ。心地良いお湯に浸かりながら楽しかった旅を思い出し、その後は東武ワールドスクエア駅から特急で東京に戻ります。

最初は冬、今回は初夏だったから、次回奥鬼怒に行くなら秋がいいかもしれません。いつも寝ている犬に会いに、また必ず行きたいです。

屋形船を浴槽にしている仁王尊プラザ

夏の露天風呂

冬季、宿に向かう途中に見た見事な氷瀑

山の中とは思えない！　夕食のコース料理

冬の露天風呂

玄関ではいつも犬が寝ている

内湯も窓が大きく、いい風が入ってくる

帰り道に見つけた、神秘的な雰囲気の滝

住む人が、山を愛し崇めている長野が好きだ

ゆる山と温泉を求めて（２０１８年10月）

長野県・白馬、松本、下諏訪温泉

台風が進路変更したので、急遽旅の計画を立てた

10月の体育の日の連休の2日前。連休中に接近するはずだった台風が進路を変えて予報が好転したので、急遽旅の計画を立てることにしました。

とは言え、台風は遠くにあっても天候の急変を招くことがあるため、高山を歩く山旅は避けたいところです。できればゆるく山を歩けて、麓で温泉宿に泊まれるところを候補に宿を探し、2泊3日で長野県内を旅する計画を立てました。

連休初日。朝一番の新幹線に乗って長野駅で下車し、特急バスで白馬山麓の栂池（つがいけ）高原に向かいます。ゴンドラリフトとロープウェイに乗って一気に高度をあげ、標高1850メートル地点に到達しました。

栂池高原のゴンドラリフト

風はないものの雲は多く、紅葉しているはずなのですがあまりよく見えません。それでも、ときおり霧が薄くなって色づいた木々が見えそうになる瞬間もありました。

有料エリアの「栂池自然園」[※1]に入り、高層湿原の中の木道を歩いていきます。やはり霧が濃く視界は良くありませんが、それはそれで神秘的に見えるような気もしますね。

2時間ほどのハイキングの中では、一瞬だけ霧が晴れて紅葉真っ盛りの木々を眺めることもできました。混み合うはずの連休に静かな山歩きが楽しめて、良いプランだったと思います。

お昼ご飯は「栂池山荘」の食堂で天ぷら蕎麦と、蕎麦粉が入った黒ビールタイプの地ビールをいただきました。天ぷらが揚げたてで大変おいしく、デザートにソフトクリームまで平らげてごきげんで麓に戻ります。

栂池から20分ほどバスに乗り、白馬八方へ。本日のお宿は白馬八方温泉の「しろうま荘」。これまで唐松岳に登る前後などに、何度も泊まっている宿です。

フロントでは見覚えのあるお兄さんが出迎えてくれました。いつもこの方が出迎え・見送りをしてくださるので、恐らくこの宿の息子さんなんでしょう。私見ですが狩野英孝という人にほんのり似ていて、初めて来たときバイトの兄ちゃんかなと思っていたら、外国人のお客さんに流暢（りゅうちょう）な英語で対応していて驚いた記憶があります。

白馬八方温泉は強アルカリ性のぬるぬるする泉質です。曇り空の下の山歩きで少し

※1　さまざまな動植物を観察できる、日本でも有数の高層湿原。大人1名320円の入園料金が必要なため、比較的ゆったりと散策できる。

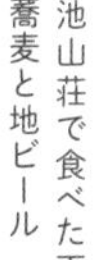

栂池山荘で食べた天ぷら蕎麦と地ビール

冷えたので、温泉に浸かり、体を温めて夕食を待ちます。

風呂上がりのビールは夕食と共に。白馬の天然水を使って醸造された「白馬アンバー」をいただきました。

信州サーモンのサラダ仕立てなど、長野県産の食材を使った手作りの料理がおいしく、ビールもおいしく。2杯目は地酒の「大雪渓」を熱燗をお願いしました。いい感じで酔いました。

部屋に戻ると、早起きしたこともあってすぐに寝てしまい、朝まで目が覚めることもありませんでした。進路が変わって上陸しなかった台風は、その夜のうちに日本海上を通過していったようです。

翌朝は朝風呂の後に、食堂で朝食をいただきました。

コーヒーやジュースが好きにいただけるので、やはり長野だし……とりんごジュースを選びます。ニジマスの甘露煮やふき味噌でご飯を食べながら「日本酒が飲みたい」と思っていたのですが、その後、焼きたてのガレットが登場しました！　これは……シードルが飲みたくなりますね。焼きたてのガレット、ハムと卵と野菜がたっぷりで大変おいしかったです。

「昨晩はよく眠れましたか？」

「ええ、風の音も全然しなかったですね。朝までぐっすり」

しろうま荘の浴室

しろうま荘の夕食

チェックアウトのタイミングで、狩野英孝似の宿の方と言葉を交わします。

「このあたりは、風はあまり強く吹かないんですよ、白馬の山が守ってくれるから。地盤が固いから、地震のときもあまり揺れないですしね」

山が守ってくれる。山が好きな私からすると、自信を持ってそう言えるって、なんだかうらやましい気持ちになります。以前泊まったときも思ったんですけど、英孝ちゃん[※2]は白馬に誇りを持っているのが言葉の端々から感じられて、それがとても素敵だなあと思うんですよね。

白馬には他にもたくさんの温泉ホテルがあるのに、あまり浮気もせずにしろうま荘に泊まってしまうのは、そのあたりに理由があるのかもしれません。

宿の車で駅まで送っていただき、白馬駅から大糸線に乗って松本駅で下車します。駅から徒歩10分ほどの「中町」エリア[※3]にある「peg」という自然派ワインとスペシャルティーコーヒーの店でランチをいただくのです。

店名のペグは、テントを張る際に地面に固定するための道具のことで、お店のオーナーご夫妻がアウトドア好きなところからついた名前です。実は、ご夫妻はかつて下北沢駅前のワインバーで働かれていて、私はその店のお客さんでした。お二人とも松本出身で、Uターンしてpegをオープンされたのです。

おすすめのビオワインと、店の看板メニュー「pegドッグ」を注文しました。お

※2　後から知ったのですが、れっきとしたしろうま荘の支配人でした。世界の旅行業者を対象にした「ラグジュアリー・トラベル・ガイド・アワード」の支配人部門で世界一に選ばれたり、旅館業以外でも幅広く活躍されている、有名な方のようです。

※3　松本駅から徒歩10分ほど。白と黒の土蔵造りの家が多く残り、飲食店などが多く集まるエリア。

そらく天然酵母仕込みと思われる、レーズンが練り込まれたずっしり密度の濃いパンが、手作りのジューシィなソーセージにめちゃくちゃ合います。ホットドッグってジャンクフードだと思っていたんですが、次元の違う食べ物ですねこれは。

「白馬のほうは、風は大丈夫でしたか？」

昨日は白馬八方温泉に泊まっていたと言うと、やはり台風の話になりました。

「山の上のほうはわかりませんけど、八方温泉のあたりは静かでしたね。松本は大丈夫でしたか？」

「こっちもぜんぜん。松本は常念岳が守ってくれるから、あまり風は強くならないんですよ」

ああ、やっぱり山が守ってくれるのか、うらやましいな。私の地元にはそんな心の拠(よ)り所みたいなものはなかったなあ。

食後は奥様の淹れるフルーティなスペシャルティーコーヒーと「大人のパフェ」なる甘さ控えめのチョコレートパフェをいただきました。

今日は下諏訪の温泉に泊まるんです！と言ったら、ご夫妻が諏訪のおすすめのお店を何軒も教えてくれました。聞いたときは「うわー、その店良さそう！」と思っていたのに、酔っていたからか諏訪に着いたらすべて忘れていました……。次回は、きちんとメモを取りたいと思います……。

pegの外観

大人のパフェ

松本から中央線で下諏訪駅に向かい、本日のお宿「毒沢鉱泉神乃湯」にチェックイン。「毒沢鉱泉」というちょっと恐ろしげな名前ですが、湧出温度2度の冷鉱泉の宿です。もちろん、鉱泉を沸かした浴槽があるのですが、隣に冷たい源泉浴槽もあって交互浴が楽しめます。

沸かし湯で十分に温まってから、身も凍るような冷たい源泉浴槽に浸かると、感覚が研ぎ澄まされるような感じがあります。その後また沸かし湯に入ると、ふわっと体がゆるむのも気持ちよいのです。飲泉も可能で、レモンジュースのようにすっぱい源泉でした。

夕朝食共に食事処でいただきますが、一人泊の方も多い宿なので気になりません。夕食でいただいた諏訪の地酒「翠露」がほんのり甘みがあっておいしかったです。

翌日は連休最終日。宿をチェックアウトしたあと、上諏訪駅に向かい、バスで霧ヶ峰へ。

毎年のように来ている山ですが、10月は草紅葉とススキの中を歩けるのがいいですね。空気は冷たくすっかり秋ですが、台風一過のせいか空は青く、白い雲がもくもくと湧いている様子は、まるで夏のようでした。

良い山がたくさんあり、住む人がその山を愛して崇めている長野県が、私はとても好きです。

毒沢鉱泉神乃湯の浴室

秋の霧ヶ峰

本格的な味わいのpegドッグ

紅葉の栂池高原

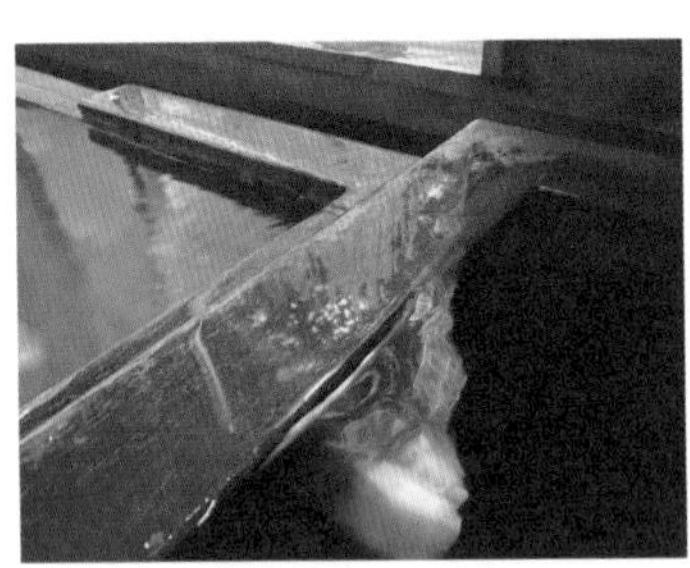
神の湯の冷鉱泉に浸かる

栂池自然園内をハイキング

何度でも来たい、大好きな霧ヶ峰

しろうま荘の朝食、焼きたてガレット

たまには「食」をひたすら求める旅もいい

ただひたすら牡蠣を食べる旅（2018年3月）広島県・宮島

山でも温泉地でもない宮島に、3度目の旅

旅の目的地には「山」か「温泉」があるところを選ぶことがほとんどですが、ごくまれに登山もせず、温泉目当てでもない旅をすることもあります。2018年の3月に、広島県の宮島に行ったのもそうでした。

目的は牡蠣です。ただひたすらに牡蠣を食べるためだけに、宮島に2泊します。ちなみに今回が3度目の宮島旅行です。

広島空港からバスで広島駅に向かい、JR山陽本線に30分ほど乗って宮島口駅へ。駅前にある「あなごめしうえの」[※1]に立ち寄ります。

あなごめし弁当で有名なお店ですが、朝10時から営業している食堂で焼きたての穴

※1　牡蠣を食べるために来たのに、一軒目が「穴子」ですが、宮島近海では古くから穴子漁が盛んで「あなごめし」は宮島のご当地グルメなんだそうです。

子をいただけると知り、今回初めて寄ってみました。ランチにはまだ早い11時前に着いたのに店内は満席。少し待った後、席に通していただきました。

午前中だしお酒はどうしようかな?と思ったものの「冷酒ぐい飲み１１０円」なるメニューを見て、思わず注文してしまいます。飲むならば……と「あなごの白焼き」もオーダーし、あなごめしは「小」サイズを選択。

肉厚なあなごの白焼きをつまみに冷えた日本酒を一杯。穴子の脂と日本酒の甘みが合わさって、えも言われぬおいしさです。あなごめしは、関東の柔らかく蒸したものとは違ってパリッと香ばしく焼かれているのが印象的でした。

ここからはフェリーに乗って10分間、「日本三景」の一つにも数えられる美しい宮島の姿を楽しみます。厳島神社の鳥居がだんだん大きくなるのを見ていると「また宮島に来れてよかった！」という思いが盛り上がってきました。

宮島に着いたのはまだお昼前。もう一軒寄りたいお店があるので、お腹を空かせるため散歩をすることに。

美しい砂浜を歩いて厳島神社の方向へ向かうと、そこらじゅうを鹿がうろうろしています。

神社を拝観することもできますが、観光っぽいことは今回はいいかな……ということで、1時間ほど、ただ歩き回りました。

五重塔や仲見世がある「いかにも観光地！」な場所と、地元の人が生活している通

冷酒ぐい飲みとあなごの白焼き

※2　初めて宮島に来たときは、昇殿料を払って拝観もしましたし、夜にボートに乗って鳥居をくぐるツアーにも参加したのですが……2回目以降は観光らしいことはまるでしなくなってしまいました。観光しなくてもとても楽しいところなのです。

りが交差する感じが好きで、宮島に来る度にあちこち散歩している私[※2]です。

少しお腹が空いたところで、スターバックスコーヒー厳島表参道店のあるビルへ。と言っても目当てはスタバではなく、3階にあるビアレストラン「MIYAJIMA BREWERY」です。1階の「MIYAJIMA BEER FACTORY」で醸造したビールを、地元食材を生かした料理と一緒に楽しめます。

席に案内していただくと、窓からは瀬戸内海のオーシャンビューが望めるすばらしいロケーション！　自家醸造のビールが9種類もあって迷いますが「お試し3種のビールセット」と「生牡蠣」「牡蠣のフリッター」を注文しました。

ビール3種は「もみじエール」「ヴァイツェン」「シャムティーオレンジ」。小麦系のビールやフルーツビールが好きな私好みのセットで、牡蠣のほのかな苦みがビールによく合いました。大人のおやつをいただいて満たされた後は、本日のお宿「ホテル宮島別荘」に向かいます。

「大人のための宮島の我が家」をテーマにリニューアルオープンして間もない宮島別荘。シングルルームを予約していたのですが、なんとロフトのあるメゾネットタイプのお部屋でした！

1階リビングと2階のベッドルームのそれぞれに、テレビとエアコンが設置してあるのがうれしいですね。隠れ家っぽい雰囲気もあり、住みたくなってしまう快適さです。

お試し3種のビールセット

メゾネットタイプのシングルルーム

夕食前には最上階にある展望浴室で汗を流します。畳敷きで広く、瀬戸内海と対岸の本土が眺められます。夜にはきっと、対岸の夜景がきれいでしょうね。

宮島別荘では夕食も朝食もブッフェスタイル※3で提供されます。しかもアルコールなどのドリンクもすべて込みで、飲み放題です！

１人でブッフェは寂しいかな？とも思いましたが、シングルルームがあるので１人客は他にもおり、席もカウンターなのであまり気になりません。

広島県産の食材がふんだんに使われたイタリアン中心の料理です。カルパッチョや牡蠣のスモークなどを少しずつ取り分け、スパークリングワインと一緒にいただきます。オーダー後に切り分けていただくローストビーフがおいしくて、ついおかわりしてしまいました。

それから今回、プランの特典で本来は３０００円の別注メニューである「広島牛のグリル」をいただいたのですが、味もボリュームもすばらしくて、次泊まったら３０００円払ってでも食べたいですね……。幸せな夕食でした。

翌日の朝食もブッフェにて。

ホテルの１階にあるベーカリー「島旨（しまうま）ＰＡＮ」で焼かれたパンを使った「島旨フレンチトースト」や、焼きたてのオムレツなど、朝からめいっぱいお腹に詰め込んで

※3　２０２０年は新型コロナウイルス感染拡大防止のため、一時的にブッフェスタイルでの提供を取りやめ、夕食はコースメニュー、朝食はセットメニューにて提供されています。

ローストビーフ

チェックアウト。

しばらく動けないぐらいお腹いっぱいだったので、昨日立ち寄ったMIYAJIMA BREWERYと同じビルにあるスタバで、ブログを書いて過ごします。

ランチタイムが終わってお店が空き始めるタイミングで、表参道商店街にある「焼がきのはやし」へ。

店の前でいつも牡蠣を焼いており、匂いにつられてか常に長い行列ができているお店です。入口近くの大テーブルに通していただき、「生牡蠣2個」と「焼き牡蠣4個」、八幡川酒蔵の純米大吟醸「龍灯」を注文します。

待っている間に店のおじさんが、iPhoneで夏の花火大会の動画を見せてくれました。そんなに花火に興味はないけど、お気遣いありがたいので眺めつつお酒をいただきます。

生牡蠣は小ぶりながら新鮮！　1個はシンプルにレモンで、もう1個は紅葉おろしとポン酢でいただきました。そして看板メニューの焼き牡蠣は、殻を開くとなぜか1個の殻に2つの身が入っています。4個の牡蠣すべてに、身が2つずつ入っているのです！

牡蠣ってこういうものでしたっけ……？と一瞬目が点になったのですが、小ぶりな牡蠣だから身を足してくれたんでしょうか？　焼き牡蠣4個なら軽いと思っていたの

店頭で牡蠣を焼いている

1つの牡蠣に身が2つ！

が、倍の8個分食べることになり、苦しいけれど最高においしくて幸せでした。

今日泊まるのは「宮島錦水館」という温泉旅館です。宮島に来るのは今回が3度目ですが、宮島錦水館に泊まるのも3度目、毎回泊まっているお気に入りの宿です。宮島は、いわゆる「温泉地」ではないものの、こちらの宿は敷地内に天然温泉が湧いているため、温泉浴室があります。

眺望はありませんが、清潔で雰囲気ある浴室です。ほんのりと温泉らしい香りのするお湯に浸かり、さっぱりしたところで夕食会場へ。

朝食も昼食もたっぷりいただいたので「もうそんなには食べられない」と思いながらの夕食でしたが、恐ろしいことに、ぜんぜん食べれてしまうのです……おいしすぎて！

地元産の新鮮な野菜と魚介を中心に、シンプルに素材を生かした料理が少しずつ、たくさんの種類が並びます。お酒は利き酒セットで「富久長『美穂（びほ）』」「雨後の月」「龍勢」の3種類を。もちろんすべて広島のお酒です。

お刺身は「うに・さより・ほたて・かんぱち・えび・太刀魚・鯛」が盛り合わせになっていてとても豪華！ その他にも、広島のブランド牡蠣「かき小町」の地酒蒸しに、〆のご飯は卓上で炊きあげた「牡蠣の釜飯」です。牡蠣好きとしても満足度の高い、すばらしい夕食でした。

宮島錦水館の温泉浴室

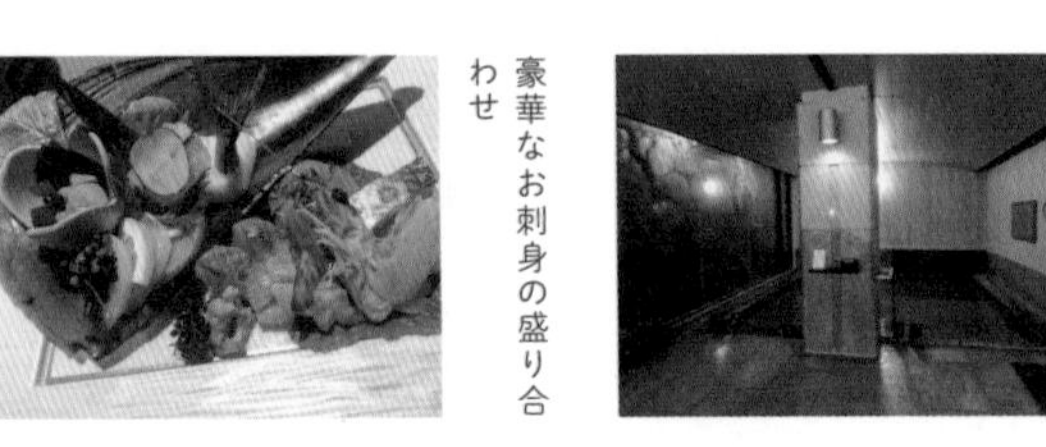
豪華なお刺身の盛り合わせ

夕食後は、宿泊客専用の「ブックカフェ」にて一休み。コーヒーや各種お茶がセルフでいただける、居心地よい空間です。ソファで酔いを冷ましつつ本を読みながら夜が更けていきます。

翌朝の朝食は、食べ過ぎないよう控えめに抑えつつチェックアウト。このあと、宮島で最後の牡蠣を食べるので、胃の容量を空けておかなくてはなりません。

最終日に立ち寄ったのは、表参道商店街にある「牡蠣屋」です。カフェのようなお洒落な建物でカウンター席もあり、女1人でも利用しやすい雰囲気なので、来る度に立ち寄っています。

オーダーは、まずはやっぱり生牡蠣！　ブランド牡蠣「かき小町」の生牡蠣を、日本酒の「雨後の月」純米吟醸と一緒にいただきます！

殻からはみ出そうな大きな牡蠣で、肉厚かつジューシィ。余韻を楽しみながら純米吟醸を口に含みます。ああ、おいしい！

それから「焼き牡蠣、特選牡蠣フライ、牡蠣のオイル漬け、牡蠣めし」がセットで楽しめる「特選牡蠣屋定食」を。

牡蠣好きが泣いて喜びそうな定食を一人静かに平らげ、今回も宮島を楽しみ尽くしました。ありがとう宮島！　今回も最高に楽しかったです！

1人で飲食店に入ると、種類をたくさんは食べられなかったり、割高になることも

居心地のいいブックカフェ

ワイングラスで日本酒をいただく

多いものです。実はこのあと、広島空港で「軽く夕食」のつもりでお好み焼きと日本酒を頼んだら、どちらも量が多くて死ぬかと思いました。

とは言え、食べてばかりで他に何もせず、好きなものを好きなときに好きなだけ食べれるのは、一人旅ならではの楽しみかもしれません。おいしい街に行くなら、たまにはこんな旅もいいものです。

空港で食べた大ボリュームのお好み焼き

「あなごめし」は小でも食べごたえあり

宮島のシンボル、大鳥居

なんでもない道を歩く

宮島別荘の畳敷きの展望浴室

焼きがきのはやしで、生牡蠣と日本酒

牡蠣屋の「特選牡蠣屋定食」

山を歩いた後に温泉宿に泊まる、幸せな時間

テントを担いだ後は極上湯で癒やされたい（2019年9月）

岐阜県・新平湯温泉、槍ヶ岳

夏から秋はテント泊の季節

夏から秋にかけてはテント泊が楽しい季節です。テント泊は年中楽しいよ！という方も多いですが、実は、私は冬のテント泊[※1]はほとんどやらず、晩秋から春先にかけては山小屋泊で登山することが多いです。ですが、夏から紅葉の季節にかけての週末は、山小屋がかなり混雑するため、テント泊をすることが多くなります。

槍沢コースから2度目の槍ヶ岳登山

2019年の9月、3連休を1日前倒して金曜日の早朝に、上高地バスターミナル

※1　単独での冬のテント泊はとにかく寒いし、防寒着や冬用のマットレスなどで荷物も重くなるため。

で夜行バスを降りました。休日は早朝から人で溢れる上高地も、平日なので比較的静かです。

歩き始める前にバスターミナル2階の「上高地食堂」で朝食をいただきます。「洋食 朝定食」は、サラダと目玉焼き、トーストにコーヒー、ヨーグルトの、栄養バランスの整ったおいしい朝食でした。

テント泊では食事も自分で作りますが、私は、山ではあまり凝ったものは作りません。その代わりと言ってはなんですが、山小屋の食堂が営業していればランチなどで積極的に利用します。そのほうが荷物も軽く済むし、何よりも山小屋でご飯を食べるのが楽しいのです。

今回の目的地は槍ヶ岳。テントで2泊して、槍沢ルートを往復するルートを歩きます。[※2]

上高地から梓川沿いの道を歩き、この日は幕営地の「ババ平野営場」を目指します。約2時間、ほぼ平坦な道のりを歩いて徳澤へ到着。

徳澤園の「みちくさ食堂」に立ち寄ります。朝食から2時間しか経っていないのですが、おやつということで……。明日長時間歩くから、たくさん炭水化物を摂ってもいいんだ！と自分に言い訳します。

お目当ては「天然酵母の厚切りトースト」。パンがもちもちで本当においしいのです。

はちみつとブルーベリーのハーフ&ハーフを注文し、ものすごく贅沢な気分になりました。

※2　私自身はこの道を歩くのは2度目でした。3章185ページで「登山靴を買うときにどの山に登りたいのか聞かれたら何と答えるのが良いか」を書きましたが、それがまさにこのルートです。

天然酵母の厚切りトースト

おやつの後はまた歩き始めます。「横尾」通過以降は少しアップダウンのある沢沿いの道を道端に咲く花の写真を撮ったりしつつ歩きます。

横尾から1時間半ほどで「槍沢ロッヂ」に到着。「ババ平野営場」まではここからさらに30分歩きますが、宿泊の受付は槍沢ロッヂで行います。幕営料を払うついでに缶ビールを買い、さらに食堂でランチも食べていくことにしました。

「カレー」「ラーメン」「中華丼」などの中から「牛丼」をチョイス。山での食事は炭水化物に偏りがちなので、肉が食べたいのです。

野営場に着くと思ったより混んでいましたが、なんとか平らな場所にテントを設営完了！ あとは夕食までやることはありません。テントの入口を開け放し、買ってきた缶ビールを飲みつつスマホで読書していたら、いつの間にか寝てしまいました。

起きたら既に日が落ちていたので、ヘッドランプの灯りでラーメンを作って食べ、明日に備えておやすみなさい。

深夜に一度目が覚め、外の明るさに驚いて入口を開けると、大きな月が昇っていました。街の灯りがないと、月はこんなにも明るいのですね。本当に、太陽が出ているんじゃないかと思うぐらい明るかったのです。

槍沢ロッヂの牛丼

深夜に目覚めると大きな月が出ていた

翌朝は快晴！　テントで目が覚めて外が青空だったときほどうれしい瞬間はありません。

パンと紅茶で簡単に朝食を摂り、サブザック[※3]に登頂に必要な荷物を詰めて、テントは張ったまま、朝5時に槍ヶ岳に向かって出発します。

最初のうちは周囲の山の影を歩くので涼しいのですが、日なたに出ると日差しが強烈で、上りが続くので体力を削られます。

徐々に槍ヶ岳の鋭く尖った山容が姿を現してくると、疲れも忘れてひたすら歩を進め……野営場を出てから4時間半、9時半に「槍ヶ岳山荘」に到着しました。

3連休の初日ですから、今まさに、上高地などの登山口から大勢の人が槍ヶ岳を目指して歩いているはずです。明日の同じ時間には、このあたりもすごい人出でしょう。

山荘から「槍の穂先」と呼ばれる山頂に至る道のりは険しい岩稜の道です。登山者が多い日はハシゴや鎖場が渋滞するのでつらいものがありますが、1日早く来たことでスムーズに登れそうです。山荘でヘルメットをレンタル[※4]し、穂先に向かいます。

急傾斜の岸壁を登っていきますが、手がかり、足がかりになる杭がしっかりあるので、落ち着いていけばそれほど怖さ[※5]は感じません。

最後は長いハシゴを登って頂上に到達すると、雲一つない360度の大絶景！

北アルプスの美しい山々を前に夢中でシャッターを押し、山頂碑と一緒に写真を

※3　テントを張ったまま山頂を目指す際、必要なものだけを詰めて持ち歩くザック。私はトレラン用のザックを使うことが多い。

※4　槍ヶ岳や穂高連峰など岩場の多い山で、近年はヘルメット着用が推奨され、1日1000円程度でレンタルも行っている山小屋もある。

※5　もちろん、岩場での恐怖の感じ方には個人差があります。怖くて足がすくむようなとき、雨で地面が濡れていたり天気が悪いときは無理しないほうが賢明です。

撮っていただきました。山頂は6畳ほどの狭さですので、次々と登ってくる登山者の邪魔にならないよう、早めに下ります。

山荘でヘルメットを返却し、食堂で昼食をいただくことにしました。今日もやっぱり牛丼です。

食べていたら「相席してもいいですか？」と声をかけられ、見ると山頂でシャッターをお願いした男女2人のパーティでした。

「お一人で来られたんですか？　テント泊で？　すごいですね！　私にはとても無理だわ」

と女性の方がおっしゃいます。

そう言えば山頂周辺でお見かけしたとき、この方はそれほど登山に慣れていなそうに見えたのです。一方、連れの男性は見るからに熟練登山者という風貌だったので「連れてきてもらった[※6]のかな」と思っていたのですが……。

しかし、2人がこれから歩くルートを聞くと「明日は大キレット、その翌日は奥穂・前穂を縦走する」とのこと。北アルプスのゴールデンルートとも言える、難易度高めで体力も必要なコースです。

「そっちのほうがすごいじゃないですか。私はこの後もう、下るだけですよ」

と言うと、

槍ヶ岳山荘と槍ヶ岳

※6　体力がある人なら登山の経験が少なくても、経験ある登山者の適切なガイドがあれば自分の実力以上の山を登れてしまうということがあります。「1人で登る」ことにこだわるなら、地道に一歩一歩、登れる山のレベルをあげていくしかありません。

「いやー、連れてってくれってせがまれちゃってね」
と男性が言います。
「すごいなあ。がんばってくださいね。お気をつけて」
「そちらもお気をつけて」
挨拶を交わし、私は来た道をババ平野営場目指して下り始めます。

1人で登ることがほとんどな私は「無理はせず、身の丈に合った登山をしたい」と常に思っています。1人で登り続ける以上、彼らが明日以降歩くルートを、今後私が歩くことはないかもしれません。

ですが、難易度の高い、きついコースを歩かなくても楽しみ方は無限にあります。しかも今日はまだ、3連休の初日です。この後の計画を思うと自然に笑みがこぼれてしまいます。

午後になり、雲が出てきました。青空に真っ白な雲と槍ヶ岳が本当に美しくて、泣けてきそうになります。やはり槍ヶ岳は絵になる山です。こんな天気のいい日に登れて本当によかった。

テントに戻った後は槍沢ロッヂにビールを買いに行き、飲みながら夕食を作ります。えびピラフにホワイトシチューにポテトサラダとスープ。メニューを聞くと豪華そうですが、すべて「お湯を注ぐだけで食べられるフリーズドライ食品」です。

青空に白い雲と槍ヶ岳

フリーズドライ食品で作った夕食

夕食後は、「ラム入りのはちみつ紅茶」を飲みながらスマホで読書。明日は早起きしなくていいので虫の声を聞きながら、眠くなるまで本を読んでいました。

翌朝はゆっくり起きてテントを撤収し、上高地に向かいます。

横尾では冷えたコーラを買って一休み。山で飲む炭酸は本当においしい！

その後、徳澤では、またしても「みちくさ食堂」で、ランチタイム限定の「野沢菜チャーハン」と、ソフトクリームをいただきます。最終日も山小屋ご飯を満喫して、上高地へ戻ってきました。

バスターミナルは長蛇の列[※7]です。2時間近く待ってようやく平湯温泉行きのバスに乗車し、バスを乗り換えて新平湯温泉へ。最後の1日は温泉宿に泊まるのです。

宿泊するのは新平湯温泉のお気に入り宿「旅館藤屋」。

1人泊の場合は、チェックイン時から布団が敷かれているので、到着するなり布団に飛び込みたくなりますが、我慢してまずはお風呂に向かいます。

藤屋さんの大浴場には「熱め」と「人肌程度のぬるめ」の2つの浴槽があり、どちらもかけ流しのとびきり新鮮なお湯です。

2つの浴槽を行き来して長湯を楽しみます。2泊3日のテント泊登山の疲労が、お湯に溶けていくようです。

夕食は囲炉裏のある広間で。

横尾でコーラを飲み生き返る

※7　2人以上で並んでいる方は、1人が場所取りをして1人はトイレに行ったり、涼しいところで休んでいたりできるのですが、1人だと1度並んだら列を離れられないのが地味につらいポイントです。

「登山後だし、たっぷりお肉を食べたい」と思い、「飛騨牛2倍プラン」で予約したのですが、笑ってしまうほどすごいボリュームでした。

昨日はテントで「フリーズドライのご飯おいしい」と思っていた私ですが、「朴葉（ほおば）」という良い香りのする葉の上で焼いた飛騨牛ステーキは柔らかく、ジャンルがちがうおいしさです……。地酒の「久寿玉（くすだま）」を飲みながら、すべて平らげました。

翌朝は、貸切で入浴できる露天風呂で朝風呂を楽しみ、朝食では飛騨高山の名物「朴葉味噌」をいただいてチェックアウト。

平湯温泉からバスで長野県の松本駅へ向かいます。

松本では、駅前の喫茶店「珈琲美学アベ」に寄ることにしました。帰る間際に喫茶店でコーヒーを飲んで、旅を振り返るのが好きなのです。

店の前にあるメニューのサンプルを見たら、コーヒーゼリーが「白髪の落ち武者」のような風体だったので気になってしまい、コーヒーと一緒に注文しました。

運ばれてきたコーヒーゼリーは、ドライアイスのひんやりとした煙に包まれたお洒落なデザートで、サンプルとのあまりの違いに笑ってしまいました。

休みがあれば最終日まですべて山の中で過ごしたい。1日早く下山するなんてもっ

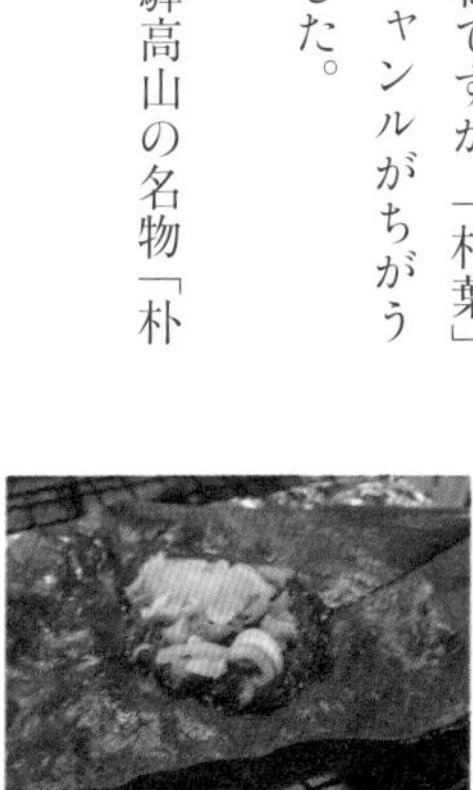

朝食の朴葉味噌

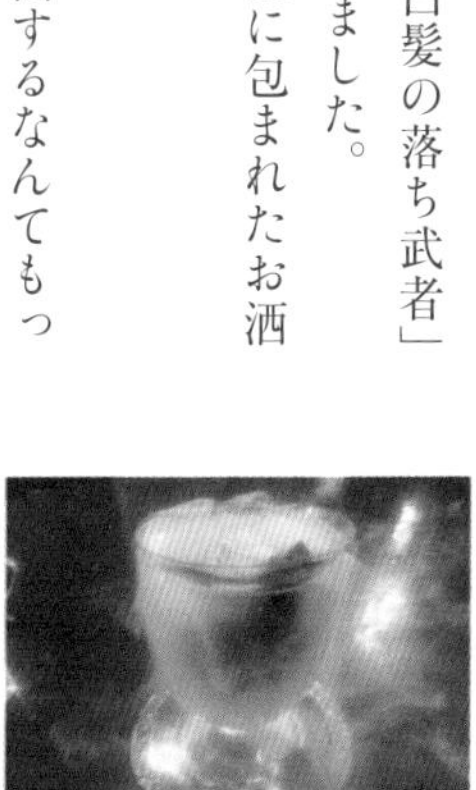

珈琲美学アベのコーヒーゼリー

たいないという方も多いです。私自身、登山を始めて5年目ぐらいまではそう思っていました。

けれど、あえて余裕を持って下山して麓の宿で一泊し、ゆっくり温泉や食事を楽しんでから帰ると、楽しかった登山の記憶がより鮮明に刻まれるように感じたのです。おまけに翌日に疲れも残りにくいし、一石二鳥です。

限界まで山を歩く登山の楽しみも、もちろんあります。だけどこういう楽しみ方も、もっと多くの人に広まるといいなあと思うのです。

槍ヶ岳山頂にて

新平湯温泉藤屋の浴室

飛騨牛ステーキと日本酒

上高地食堂の「洋食 朝定食」

ババ平野営場

槍ヶ岳山頂に向かう険しい道

いつの日か、鳴子と肘折に長逗留したい

湯治宿を巡る旅（2018年9月）
山形県・肘折温泉
宮城県・鳴子温泉

いつかは連泊湯治！　湯治場風情の残る温泉地を巡る

いつか、連泊湯治をしてみたい[※1]という夢があります。土日休みの勤め人の身ではなかなか難しいのですが、1週間ぐらい同じ宿に逗留して、何度もお湯に浸かり、散歩したり、地元の蕎麦屋や喫茶店を覗いたりして過ごしたい……。

いつかその夢を叶えるため、温泉地や宿の目星をつけておきたいと思い、山形県と宮城県の湯治場風情の残る温泉地を巡る、2泊3日の旅を計画しました。

1泊目は、山形県の肘折温泉へ。山形新幹線の終点新庄駅で降り、村営バスに1時間ほど揺られて温泉街に到着しました。時刻はちょうどお昼時、川沿いにある「そば

※1　2章94ページ参照

新庄駅で2台並ぶ山形新幹線

処寿屋」さんに向かうことにします。

まずは1杯……熱燗と「ひじおりとうふ」と「ざぶとん」を注文します。それぞれ250円だったので「ちょっとしたおつまみだろう」と思っていたのですが、大ボリュームの冷や奴と油揚げでした。

「ざぶとん」はカリッと焼いた油揚げに、ネギや生姜、鰹節などの薬味をのせてくるりと巻き、醤油をつけていただきます。香ばしくてお酒のおつまみにぴったりです。蕎麦は太めのしっかりとした歯ごたえの田舎蕎麦で、あっさりめのツユでおいしくいただきました。

「ひじおりとうふ」と「ざぶとん」

昼食の後は本日のお宿「旅館勇蔵」[※2]へ。

家庭的な雰囲気の宿ですが、お部屋はWi-Fiも完備でとても快適。さっそく宿のお風呂に入って、鉄っぽい香りのよく温まるお湯を楽しみました。

夕食までは温泉街をぶらぶら。レトロな建物の旧肘折郵便局[※3]を眺め、温泉街でお酒を購入します。

それから、共同浴場の「上の湯」へ。肘折温泉の宿に宿泊すると入浴券が貰えて、無料で入浴できます。宿の源泉とは異なる「ナトリウム―塩化物・炭酸水素塩泉」で、湯上がりがさっぱりする泉質でした。

※2 2章137ページでも紹介

※3 昭和12年に建てられた木造建築で、平成7年に郵便局としての役割は終えているのですが、肘折温泉のランドマーク的な存在として現在も残されています。

宿に戻ったら夕食の時間です。

9月なので山菜はあまりないと思っていたのですが「赤こごみ」「うど」「あけびの芽」などを使った料理が目白押しでうれしい！　揚げたての天ぷらも後から出てきて、鍋はたっぷりのきのこ鍋。熱燗を飲みつつすべて平らげました。

食後はまた温泉街を散歩。この日は「肘折夜市」がある日で、温泉街に屋台が出ていたのです。立ち飲みの屋台もあって「お腹はいっぱいだけどお酒なら……」と思ったものの、1人では交ざりづらくて通り過ぎてしまいました。

とは言え、お祭り気分は味わえたし、軒先に下げられた灯籠が美しく、夜の散歩はとても楽しかったです。温泉街のある温泉地ならではの楽しみですね。

宿に戻った後は、空いているときに貸切で利用可能な小浴室へ。1人で入るのにちょうどいいこぢんまりとした浴室で湯浴みを楽しみました。

風呂上がりには温泉街で購入したスパークリング日本酒「出羽桜 咲（さく）」を。シャンパンのようにすっきりとしていてほんのり甘みのある日本酒を飲みつつ、テレビを見ているうちに夜が更けていきます。

肘折温泉では4月下旬から11月まで朝市が開催され、午前5時半頃から地元の朝市組合の方たちが、野菜や果物、しそ巻きや笹巻きなどをずらりと並べています。おかずやおこわも売っているので、長期滞在するときは朝市で朝食や昼食を買うのも良さそうです。朝市を眺めて歩いていたら、軒先では朝顔がきれいに咲いていて「早起き

左が赤こごみ、右があけびの芽

肘折夜市

してよかった」と思いました。

宿の朝食はやっぱり山菜がたっぷりでうれしい！　ご飯は舞茸ご飯で、これがまた異様においしいのです。コーンが入っているせいか甘みがあり、おひつに入っていたぶんすべてを平らげてしまいました。

チェックアウト後は村営バスで新庄に向かいます。バスが宿の前を通り過ぎるタイミングで、勇蔵の女将さんが外に出てきて手を振ってくれました。本当にいい宿で、また絶対泊まりたいです。

新庄駅の売店でサイダーを2本買い、陸羽東線に乗車します。朝食を食べすぎてお腹いっぱいなので、お昼はサイダーだけでいいです……。

約1時間の乗車で鳴子温泉駅に到着。小規模な旅館が数多く点在する温泉地ですが、それぞれに自家源泉を持ち、隣り合う旅館でもまったく泉質が異なることがあるので驚きます。

鳴子温泉に来ると、湯巡り※4がしたくなります。

この日はまず、共同湯の「滝の湯」へ。２００円で濃厚かつ新鮮な酸性硫黄泉を楽しめます。朝7時30分から営業しているので、朝風呂で利用するのも気持ちよさそうです。

それから、「旅館 姥乃湯（うばのゆ）」へ。

軒先で見つけた朝顔

※4　日帰り入浴でいくつもの宿をたずね歩く、いわゆる「湯巡り」を、実を言うと私はあまりやらないのです。旅先ではなるべくのんびり過ごしたいタイプなので、いくつも温泉を巡ると慌ただしくなってしまうので。でも、鳴子温泉ではお得に湯巡りできる「湯めぐり手形」があることもあって、湯巡りを楽しんでいます。

４つの異なる泉質の自家源泉を持つ宿で、露天風呂が女性専用時間帯[※5]になるタイミングを狙って伺いました。

しっとりする浴感の「含ぼう硝重曹泉」の露天風呂のほか、硫黄泉のにごり湯「こけしの湯」など３つの内湯を巡って、鳴子温泉のすばらしさを再確認したところで、本日宿泊する「東多賀の湯」に向かいます。

コンパクトながら清潔なお部屋はＷｉ－Ｆｉ・冷暖房完備でとても快適。自炊湯治する方もいるため、共同のキッチンは基本的な調理器具や食器が揃っていました。

宿のお風呂は内湯のみで、浴槽が１つのシンプルな浴室ですが、このお湯が本当にすばらしいのです！

加水・加温・循環など何もしていない、pH５・４の弱酸性の硫黄泉が大量にかけ流されています。42度ぐらいの熱めの適温で、お風呂上がりは肌がしっとりすべすべに。

このすばらしいお湯に深夜早朝いつでも浸かれるなんて……今晩は飲み過ぎずにたくさんお風呂に入ろう！と心に決めました。

夕食は食事処にて。地ビール「鳴子の風」の高原ラガーをいただきます。

お酒は控えめに、と思っていたのですが「微発泡のどぶろくがある」と聞いてつい注文してしまいました。「ゆきむすび」という、甘酸っぱくて飲みやすいどぶろくです。

さらに、他の種類の地ビールも気になったので、部屋で飲む用に購入しました。

最後のご飯は栗ご飯です！　地元で採れた栗がたっぷり。秋に泊まってよかったで

※5　姥乃湯さんでは露天風呂は１つしかないため「女性専用」「男性専用」「混浴」と時間帯によって分かれています。この日は15時までが混浴タイム、15時以降、女性専用時間帯でした。時間帯は変わることもあると思いますので、最新情報は宿でご確認ください。

発泡のどぶろく「ゆきむすび」

す。

部屋に戻るとすぐ寝てしまったのですが、深夜にむくりと起きてまたお風呂へ。そして、買っておいた地ビール「鳴子の風」の「山ぶどう」を飲んでまた寝ました。

翌朝は、朝食をいただいてチェックアウトし、電車の時間まで2軒ほど、立ち寄りでお風呂をいただくことにします。

まずは、宿泊した「東多賀の湯」のすぐお隣の「西多賀旅館」へ。

隣なのに湯はまったく異なり、まるでバスクリンを入れたかのようなグリーンの硫黄泉。ぴりっと熱めで気持ちいいお湯でした。

その後は「ホテルたきしま」へ。いくつかある浴室のうち「薬湯（くすりゆ）」という、貸切で利用する浴室のお湯が、ものすごくパワーのあるお湯なのです。湯温はそこまで高くないのに、恐ろしいほどよく温まりました。

帰りの電車に乗る前に、温泉街のパン屋さん「カーベ・ホリエ」でコロッケパンを買い、酒屋で地ビールを買って駅のベンチで食べました。

カーベ・ホリエさん、素朴な味わいのおいしいパン屋さんだったのですが、2019年に閉店してしまったとのこと……。鳴子温泉のお店・旅館の廃業情報を聞くことが多くなりましたが、いつか私が連泊湯治で伺う日まで、温泉街が賑わいを失わないでいてくれることを、せつに願っています。

西多賀旅館のグリーンの硫黄泉

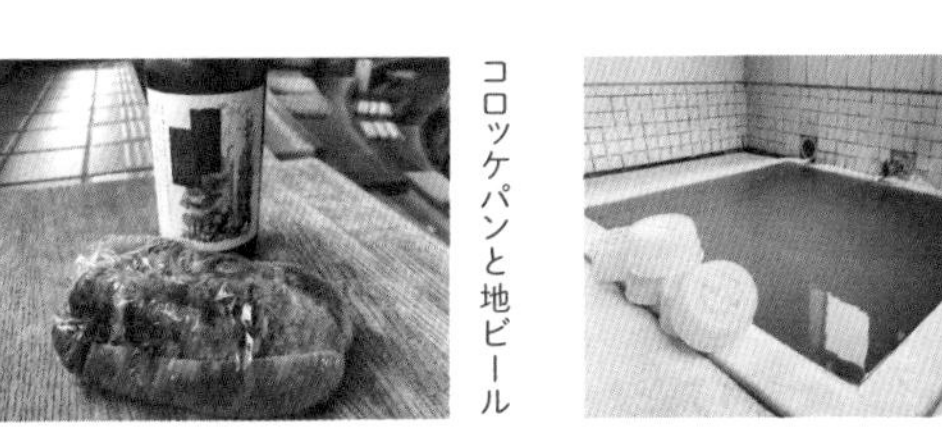

コロッケパンと地ビール

東多賀の湯の快適な部屋

レトロな雰囲気の旧肘折郵便局

東多賀の湯の極上の内湯

旅館勇蔵の夕食は個室でのんびり

東多賀の湯の夕食

姥乃湯の浴室

飛行機で1泊旅行するならどこへ？ 鳥取へ！

砂場と熱い湯を巡る旅（2018年2月）

鳥取県・三朝温泉

1泊2日で西に行くってなにか贅沢

週末を使って1泊2日の旅をするとき、自宅が東京にある私は移動時間や交通費の兼ね合いから、東日本を行き先に選ぶことが多くなります。

しかし2018年の2月、あとわずかで期限が切れるANAマイル[※1]があることに気づきました。急すぎて休みは取れず1泊の旅だけど、どうせ飛行機に乗るなら西日本だ！と、直前に特典航空券が予約可能だった場所の中から、行き先を「鳥取」に定めたのです。

午前中の便で鳥取空港に到着し、バスで鳥取駅へ。路肩にわずかに雪の残る駅前の

※1 特典航空券を予約できるマイル数は、時期によって異なりますが、2月は航空会社の閑散期にあたるため必要マイル数が少なくて済みます。このことも後押しして、急いで旅の計画を立てることになりました。

通りを歩き、目をつけていた店でランチをいただくことにします。

駅から徒歩4分の「村上水産鮮魚部」は鮮魚仲買人直営の居酒屋さんで、ランチの海鮮丼が豪華との噂を聞いて選びました。

カウンター席に案内していただくと、周りのお客さんはみな常連のようで、板前さんやホールスタッフと親しげに話しています。そしてなぜか皆「から揚げ定食」を注文しているのです。たしかに海鮮丼や刺身定食は少し値段が高いのですが、から揚げと同じ値段で「カキフライ」や「焼き魚」の定食もあるのに、もしかしてこの店、から揚げがめちゃくちゃおいしいのでしょうか……？

少し悩んだものの私は観光客、ここは海鮮丼ですよね！

「タコ、サーモン、海老、イカ、いくら、鮪赤身、ぶり」などがたっぷり載った特上海鮮丼1620円は、特に「もさ海老」と呼ばれる海老がねっとり甘く、大変おいしかったです。

ランチの後は、喫茶店「すなば珈琲[※2]」へ。

鳥取県はスターバックスコーヒーの進出が最も遅く「47都道府県で唯一スタバがない県」だった時期がありました。その頃、鳥取県知事が「鳥取にはスタバはないが砂場（鳥取砂丘）はある」と発言したことを受けて、地元企業が開業した喫茶店です。

店内に足を踏み入れると、等身大（？）のマツコ・デラックスのパネルが置かれた席があり、迫力に驚きます。なんでも、マツコさんの番組で紹介されたことで有名になっ

特上海鮮丼

※2　このときおとずれたすなば珈琲鳥取駅前店は、ビルの老朽化のために閉店し、現在は別の場所に「〝新〟鳥取駅前店」がオープンしている。

た恩があるため、いつ来店されてもいいように特等席を用意してあるんだとか。

コーヒーはサイフォンで淹れてあり、苦みや酸味が少なくまろやか。チーズケーキはフルーツやチョコ、クリームで飾り付けてありました。「パンケーキ」や「ホットサンド」も気になったので、お腹が空いているときにまた来たいお店です。


すなば珈琲でひと休みした後は、鳥取駅から電車で倉吉駅に向かいます。

実は、この日この時間は、平昌（ピョンチャン）オリンピックの男子フィギュアスケートの順位が決まる、フリープログラムが行われていました。スマホで中継を確認すると、羽生くんと優勝候補の1人ハビエル・フェルナンデスの演技が終わり、後は宇野昌磨くんの演技を残すのみ！というところで電車は倉吉駅に到着します。

駅前で待っていてくれた宿の送迎車に乗ると、カーラジオでオリンピック中継が流れていました。そして宇野くんの演技が終わり、結果は日本勢の金と銀！

「え？　宇野くん銀!?　すごいすごいすごい！」

「へーすごいね、羽生くん連覇かい？」

と、宿のおじさんと喜びあいました。そのせいか今でも、平昌オリンピックの映像を見ると、この旅を思い出す私です。


今回宿泊する宿は三朝温泉の「木屋旅館」。三朝温泉には以前、伯耆大山（ほうきだいせん）を登山後に

マツコ・デラックスのパネル

すなば珈琲のチーズケーキ

立ち寄って1泊したことがあり、今回が2度目ですが、木屋旅館さんには初めてお世話になります。

館内は古いけれどきちんと手入れされていて、建物は有形文化財に指定されているそうです。案内していただいた部屋も広く、縁側から川の流れを眺められます。

いつもならこの後は宿のお風呂を楽しむところですが、今回はどうしても日帰り入浴したい宿があるので、出かけることに。

木屋旅館から10分ほど歩いて向かったのは「旅館大橋」です。前回、三朝温泉に来たときに立ち寄った「巌窟の湯」という浴室がすばらしかったので、宿泊客で混み合う前の早めの時間帯にお邪魔しました。

洞窟のような雰囲気の内湯には岩造りの浴槽が3つあり、それぞれに異なる源泉が足元からぷくぷくと湧き出ています。しかも3つの源泉はいずれも貴重な「ラジウム泉(下の湯・中の湯)」と「トリウム泉(上の湯)」で、雰囲気も湯力も抜群でした。建物も趣があり、いつか泊まってみたい宿ですね。

旅館大橋から木屋旅館に戻る道は「温泉本通り」と言い、規模は小さいながらも昔ながらの雰囲気を残す温泉街となっています。喫茶店や居酒屋などのほか射的や芝居小屋[※3]、美容室などが営業しています。1人で

木屋旅館で宿泊したお部屋

旅館大橋の浴室

は射的を楽しむ気分にはなりませんが、湯治でしばらく滞在して、ぶらぶら散歩するのも楽しそうだなと思いました。

このレトロな温泉街が途切れると唐突に「保守本流」「日本人なら誰でも靖国神社参拝はあたりまえ」などと書かれた大きな看板を掲げた建物が現れます。「皇居↓」「↑靖國神社」「↑北方領土」などと書かれた道標があったり、何とも言えない不思議な雰囲気を醸し出していますが、これらの看板は「西藤館」という、1658年創業の由緒ある旅館のご主人が掲げているものだそうで、三朝温泉の名物スポットなんだとか。

さて、木屋旅館に戻った後はお風呂へ。

木屋旅館には全部で5つの浴室[※4]がありますが、そのうちの1つ、貸切で利用する「楽泉の湯」が空いていたので、入ってみることにしました。

1人で貸し切るには落ち着かないほど広く、天井も高く、そしてタイルの模様がかわいいこの浴室、浴槽の底からぽこぽことお湯が湧いてくる足元湧出のお風呂です。お湯はとても熱い……真冬の2月でこの熱さ……しかし、本当にいいお湯です！飲泉も可能で、無味無臭なのですがなんだかとても「効きそう」な雰囲気がありました。

部屋に戻ると夕食の時間です。木屋旅館では朝夕お部屋で食事をいただけます。

※3　芝居小屋って、お芝居をやっているの？と思ったら、このときは無声映画を1日1回上映していたようでした。

※4　「男女別の大浴場」のほかに「貸切で利用できる浴室」が2つ、そして「予約制のラジウムミストセラピー」「予約不要のラジウムオンドル」があります。

お刺身は豪華に五種盛り！　島根和牛のしゃぶしゃぶはサシの入り方が美しく、宿の名物だという「パン釜（パンをくりぬいてビーフシチューを詰めたもの）」も、意外なほどおいしかったです。1合から注文できる日本酒の種類が多く、お酒もすすみます。また、〆のご飯がたっぷりの「もずくの雑炊」だったのもうれしかったです。満腹だと思っていたのに、するっと全部いただいてしまいました。

翌朝に、もう一つの貸切風呂「薬師の湯」と、大浴場「河鹿の湯」にも入りに行き、朝食をいただいてチェックアウトします。

宿の車で倉吉駅まで送っていただき、また電車で鳥取駅へ。

鳥取駅周辺でお昼を食べるお店だけは決めていたものの、お腹が空くまで何をしようか迷います。鳥取と言えば砂丘ですが、行き方は調べたものの、2月の日本海側の砂浜はめちゃくちゃ寒そうだなと思い、やめました。

代わりに「開店時は１０００人の人が並んだ」ことでニュースにもなった、鳥取県初出店の「スターバックスコーヒー シャミネ鳥取店」へ。

開店から3年近く経つので、さすがにそこまで混んではいませんでした。コーヒーを飲みながら、お腹が空くまでノートパソコンを開いてブログを書いて過ごします。

午後2時半。お腹も空いたし、ランチタイムもそろそろ終盤でしょう！

木屋旅館の夕食

スターバックスコーヒー
シャミネ鳥取店

鳥取駅から街道沿いに15分歩き、目指す「回転すし北海道」はありました。鳥取なのに北海道……。

15時近いのにかなり混んでいて驚きましたが、5分ほど待って席へ。酒のつまみが居酒屋並みに豊富なことに驚きます。「白子ポン酢」と「カキグラタン」を注文し、どちらも大変おいしくて日本酒がみるみるうちに減っていきます！

それからいくつもある「三貫盛」がすばらしく魅力的なのです。「本日のおすすめ三貫」は「寒ぶり、生えび、オーロラサーモン」で、どれも肉厚でおかわりしたくなる新鮮さ……。「北海三貫盛」は「生うに、すじこ、蟹バラ身味噌添え」で、うにがとにかく甘く、軍艦ではなくて握りで提供されたことにも驚きました。「まぐろ三昧」や「炙り三昧」などもバリエーション豊かで食べごたえがあります。お腹いっぱいで大満足！　ごちそうさまでした！

鳥取駅からバスで空港に向かい、搭乗を待つ間に空港内の「すなば珈琲」へ。

昨日、駅前のすなば珈琲で「次はパンケーキかホットサンドを食べたい」と思ったというのに今日もお腹は空いておらず、「ロールブリュレ」とコーヒーをいただいて鳥取の食を締めくくりました。

鳥取県、全体的にとんちがきいているというか、意表をつかれるような驚きが多くて、なんだか愉快な県でした。きっと、住む人も楽しい人が多いのでしょう。次回はもっとじっくり滞在したいなと思っています。

本日のおすすめ三貫盛り

北海三貫盛り

三朝温泉の温泉街

「楽泉の湯」では飲泉もできる

木屋旅館の「薬師の湯」

温泉街を抜けると不思議な雰囲気の一角が

「回転すし北海道」のまぐろ三昧

木屋旅館の「楽泉の湯」

あえて「旅人」として故郷を歩いてみる

名前の由来となった山に登る（2019年8月）

山形県・鶴岡、酒田、月山

あえて実家に帰らず地元を1人で歩いてみる

「出身地」や「地元」と呼べる場所がある人は多いと思います。そこに「実家」があればときには帰省をし、かつての仲間と旧交を温めることもあるでしょう。

ですが、故郷の街に行きあえて実家に帰らず、知人にも会わずに1人で街を歩いてみると、他の場所では経験できない、不思議と味わい深い旅になるのです。

8月最後の金曜の夜、東京駅から庄内行きの高速バスに乗り、土曜日の早朝に鶴岡市のバスターミナル「エスモール」に着きました。

庄内は私が生まれ育った場所で、現在も実家があって母が住んでいます。また鶴岡

鶴岡行きの高速バスに乗る

は、通っていた高校のある街です。

しかし今回の目的は帰省ではなく、山形県の中央部にある標高１９８４メートルの火山「月山（がっさん）」に登ることでした。待合所では私以外にも登山者が数名、「月山八合目」行きのバスを待っていました。

ところで、私のペンネームは「月山（つきやま）もも」と言います。読み方は異なりますが今日登る山と同じ字で、もちろん山の名前をお借りしてつけたのです。

実は、月山には小学6年生のときに学校登山で一度登っているのですが、正直なところ、あまりいい思い出ではありません。ひとり登山を始める前、「山登りは人のペースで歩かなきゃならないのがしんどい」というイメージを持っていたのも、学校登山での経験からのように思います。

ですが大人になり、1人で登ってみると月山は本当にいい山でした。今日で、月山に登るのは3度目になります。

午前6時にエスモールを出発するバスに乗り、30分ほどでバスが羽黒山の宿坊街に着くと、大勢の登山客が乗車し、着席できない人もいました。これからバスは1時間以上山道を走りますので、立ったままではけっこうきついです。羽黒山の宿坊に前泊して月山に登る方が多いですが、バスで座りたいなら鶴岡市内から乗ったほうがいいんですよね。

エスモールのバス待合所

8時15分に「月山八合目」バス停に着きました。駐車場からは日本海を見渡すことができ、まだ1歩も登っていないというのになかなかの絶景です。

八合目と言うと、すぐに山頂に着きそうに感じますが、山頂までは約3時間、往復で5時間ほどかかります。日帰りで登るにはきつすぎず、ちょうどいい長さです。

登山口からしばらくは「弥陀ヶ原（みだがはら）」と呼ばれる、池塘が点在する高層湿原を歩きます。高山植物の一番華やかな季節は終わってしまったようですが、木道のそばにはリンドウの青い花が美しく咲いていました。

やがて傾斜が急になり「無量坂」と呼ばれる急坂を登っていきます。坂の途中で振り返ると、歩いてきた弥陀ヶ原の向こうに鳥海山と日本海、そして、かつて住んでいた庄内平野が見えました。

今回が3度目の月山登山ですが、前回はちょうど5年前の8月でした。2度目の登山のきっかけは、前の年の冬に幼なじみが事故で亡くなったことです。急なことで、お葬式に行くことは叶いませんでした。

月山は修験道の盛んな山で、その教えによれば「死後の安楽と往生を祈る山」だと言われています。それで、私なりの供養として月山に登ることにしたのです。

供養と言っても、白装束を着たりお線香をあげたりはしませんが、美しい景色を眺めながら古い記憶を呼び覚まし「あの人はもうこの世にいないのか」ということが悲しくて、人知れず涙を流したりしました。

月山八合目からは日本海が望める

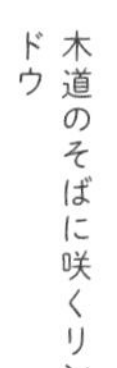

木道のそばに咲くリンドウ

そして今回、少し前のことですが父が亡くなったのです。長く闘病していたので多少の覚悟はあったものの、やはりショックは大きく「こんなときは月山かな」と思って5年ぶりにここに来ました。

3時間弱歩いて山頂に到着。菓子パンを食べ、一休みしてから来た道を戻ります。実は、両親は私が登山をしていることを知りません。ものすごく心配性な人たちなので、知ったら寿命を縮めるだろうと思い、言わないと決めました。

父は、若いころ登山をしていたと聞いたことがあります。父と山の話をしてみたかったと思うこともありますが、きっと今ごろ「なんだ、そうだったのかよ」とか言いながら、どこかで見ているのかもしれません。なだらかで美しい月山の稜線を眺めて歩きながら、そんなことを考えました。

八合目の登山口に下山し、鶴岡行きのバスに乗って市内に戻ります。

明日からもう9月。短い夏が終わり秋が始まります。バスが水田の中の道を進んでいくとき、黄色く色づき始めた稲穂が一面に広がる水田を見て、「ああ、このどこまで行っても田んぼしかない場所こそが、私の故郷で、原風景だ」と感じて、思わず窓越しにただの田んぼの写真を撮りました。

すると、同乗していた他の登山客が次々に田んぼを撮り始めたのです。「なぜ?」と思ってよく見たら、遠くにうっすらと鳥海山の姿が見えていたのでした。登山者は、

月山の登山道

一面の水田と、遠くにうっすら鳥海山

知っている山が見えると写真を撮らずにいられないのですよね。

バスターミナルに着くと、近くにあるビジネスホテルにチェックイン。

大浴場で汗を流し、部屋で夕方までごろごろします。市内にはいくつか温泉地もありますが、夕食を食べたいレストランがあるので、今回はあえてのビジホ泊です。

予約の15分前にホテルを出て、鶴岡駅に向かって歩きます。駅前では夕日が美しくて、懐かしさと相まってそれだけで泣けてきそうです。

鶴岡駅の前にはかつて「マリカ東館」というショッピングセンターがありました。学校帰りに寄り道したり、あるいは家族と買い物や食事をした思い出深い場所ですが、郊外にショッピングモールができた影響で、私が上京した後に閉店したのです。

しかし、その跡地は２０１７年、地元食材を使ったレストランやフードコート、食材やお土産品を購入できるショップが集まる「ＦＯＯＤＥＶＥＲ」という複合施設として生まれ変わりました。何度かランチやお茶で利用したことがあったのですが、そのうちの一軒、イタリアンレストランの「ファリナモーレ」[※1]を今日は予約したのです。

ファリナモーレは、鶴岡市の郊外で「アル・ケッチャーノ」という有名なイタリアンレストランを営む、奥田政行シェフのお店です。

アル・ケッチャーノは予約の難易度も高く、恐らく1人で行くような店ではないと思いますが、ファリナモーレはカウンター席が多いので1人でも入りやすく、庄内産

鶴岡駅前で見た夕日

※1　２０２０年4月よりレストランは休業しており、復活が待たれる。スイーツ販売とカフェ営業を行う「ファリナモーレ・ドルチエ」は営業中。

の食材を使ったイタリア料理が気軽に楽しめます。ランチで来たときにディナータイムのコースメニューを見て「次回は夜に来てみたい！」と思っていたのです。

下山後、かつ風呂上がりの一杯に生ビールの「マスターズドリーム」で、まずは乾杯。目をつけていた、ディナータイム限定の５５００円のコースを注文します。庄内産の野菜、肉、魚介がふんだんに使われた全８品のコース。１人で８皿[※2]も楽しめるってなんてすばらしいんでしょう！

この日のメニューはこんな感じでした。

・庄内の畑の野菜とバジルのアンチョビソース
・花イチジクと生パンチェッタの冷たいカッペリーニ
・秋鮭の43℃調理 アボカドときゅうり
・秋刀魚とシシトウ、大根と紅花のオイルリゾット
・山形牛の肩ロースのトマト煮とセロリ
・羽黒仔羊のローストと糸カボチャのコリアンダーマリネ
・じゃがいもニョッキのチーズクリームソースと舟形町のマッシュルーム
・本日のドルチェ（りんごのタルトとバジルのジェラート）と食後の飲み物

マスターズドリーム

※2 アラカルトメニューの場合は特に、1皿の盛りが多いので1人では2メニューぐらいしか注文できないこともよくあります。1人でコース？と思われるかもしれませんが、コース料理は1人前のポーションなので、1人のときはコースを注文したほうが良いのです。

アンチョビソースをつけていただく野菜は甘みがあり、気がつけばビールと共になくなっていました。パンチェッタの塩味とイチジクの甘みでいただくカッペリーニも、低温調理で味が濃くなった鮭も、パリッと焦げ目のついた秋刀魚のリゾットも山形牛もすべてがおいしく、仔羊のローストは柔らかく、そろそろお腹はいっぱいだけどマッシュルームのニョッキはぜったい食べたい……！ワインを飲みながら気持ちよく平らげました。もちろん、庄内産のぶどうで作られた「月山ワイン」です。

「どちらから来られたんですか？」

「東京です」

「ご旅行ですか？」

給仕を担当してくれた人懐っこい笑顔のお兄さんと、何度か言葉を交わしました。

「そうですね、旅行ではあるんですけど。ただ私、この辺の出身なんですけどね」

「なるほど、じゃあ、帰省みたいなものですかね」

「まあ、そんな感じですね」

既に酔っぱらっていたので「実は月山を登りに来まして！」などと自ら説明する元気はなく、会話はそこで終わります。

ワインを飲みながら私は「このお兄さんは鶴岡が地元の人なのだろうか？」などとぼんやり考えていました。目が大きくはっきりとした目鼻立ちはあまり東北の人っぽ

庄内の畑の野菜とバジルのアンチョビソース

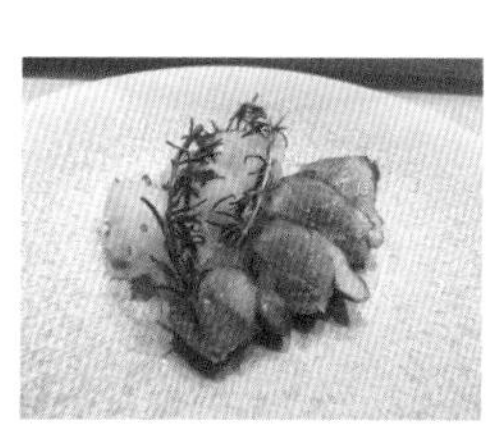

山形牛の肩ロースのトマト煮

くはなく、なんとなく南方の風を感じました。[※3]

もしも鶴岡出身の人ならここで「ご実家はどのあたり？」という話になるのでは……？　いや、奥田シェフの店のホールスタッフだもの、お客のプライバシーに踏み込むような雑談はしないか。

フレンドリーだけど気配りの行き届いた気持ちのよい接客と、文句なしにおいしい料理。おまけに女1人でも入りやすくて、カウンターでは私以外にも女性の1人客が、料理とお酒を楽しんでいました。こんな店が駅前にできて本当によかったと思いながら、見送られて店を出ます。

時刻は20時を過ぎたところ。酔い覚ましに少し、夜の鶴岡を歩いてみようと思いました。ひさしぶりに、行ってみたい場所があるのです。

高校時代、学校帰りに毎日のように寄り道した「八文字屋（はちもんじや）」という書店です。通販や電子書籍の台頭で書店がどんどん減っている今、あの店はどうなっているのでしょうか？

以前は22時まで営業していたはずだけれど、このご時世だもの、閉店時間が早まったり、店がなくなっている可能性だってあるよね……と、少しドキドキしながら、かつて何度も自転車で通った道を歩きます。

ああ、ありました！　よかった、営業しています。しかも、敷地が以前よりも広くなっ

※3　認識は人それぞれだと思いますが、私は、色白で細面な顔立ちを「東北っぽい」と感じます。女性なら壇蜜さん、男性なら羽生結弦さんのイメージです。

て、隣にはまさかのスターバックスコーヒーが！　なんだか、蔦屋書店みたいなことになっています。

実に20年ぶりの八文字屋は、建物はすべて建て替えられ、通路が広い今風のレイアウトになっていました。お店の雰囲気は少し変わったけれど、在庫の豊富さや、隅にある文房具売り場から醸し出される「楽しさ」は昔のままです。

うれしくて、適当な文庫本を1冊買い、スタバで読むことにしました。八文字屋の看板の灯りが見える席を選び、季節限定の「ベイクドアップルアイスティー」を飲みながら、文庫本を開きます。

もしもこの街に住み続けていたら、あるいはUターンしていたら、八文字屋で本を買い、スタバで読むことが日常になっていたのだろうか……？

酔った頭で、選ばなかったルートに思いを馳せるうちに、夜は更けていきました。

翌朝はホテルをチェックアウト後、羽越線に乗って酒田駅へ向かいます。向かったのは酒田駅前の寿司の名店「こい勢」です。

開店時刻の11時に予約[※4]して入店し「楯野川」の純米大吟醸と「今年は今日が最後」だという「岩牡蠣」をまずはいただきます。空きっ腹に、酒田の酒と夏の終わりの海の味。昼から飲むお酒はおいしいですね。

「旬のおまかせ握り」という3000円のセットメニューが圧倒的にお得なので、つ

建て替わっていた八文字屋

※4　開店と同時に1人で入るなら、予約なしでも入れる可能性は高いですが、絶対に予約をおすすめします。こい勢の大将は予約すると、初めてのお客さんでも必ず名前を覚えて注文を受けてくれるので、注文しやすくなるのです。

まみの後はそちらをお願いします。ゆず塩を振った「赤いか」「のどぐろの炙り」「太刀魚炙り」「あらの柚子こしょうポン酢」など、すべて味がついていてそのままいただけるお寿司です。

その後は「ガサエビ」「うまづらはぎの肝のせ」と続き、「かつおの漬け」「イワシ」「本鮪」は、まろやかな酸味の赤酢のシャリで。

そして「利尻島のバフンウニ」の軍艦巻き。とろけるようなウニは、生臭みなどまったくありません。ここまで10貫＋アラ汁でおまかせ握りは終了ですが、シャリが小さめなので、あと3貫ぐらいは食べられそうです。

「あと3貫、おすすめでお願いできますか」と言って握ってもらったのが、今しか食べられない「シンコ」と、白身の「まはた」そして宮城県産の「赤貝」でした。

シンコは締め方がちょうど良く、赤貝は色鮮やかで肉厚。味付けもちょうど良く、大変おいしくいただきました。

「どちらからいらしたの？」

一通り食べ終わってお茶を飲んでいたら、隣の席にいた常連っぽい男性客に話しかけられました。

「東京からです」

「もしかして、登山をしに来られたんですか？」

足元が登山靴だったことに気づかれたようです。

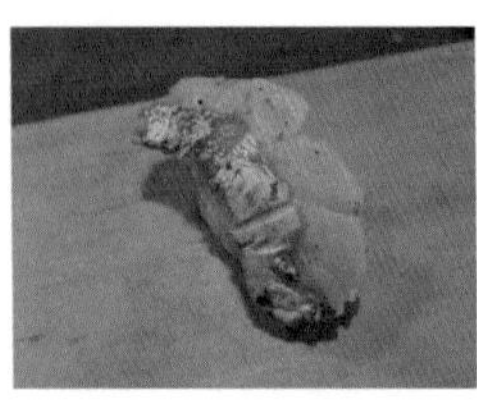
のどぐろの炙り

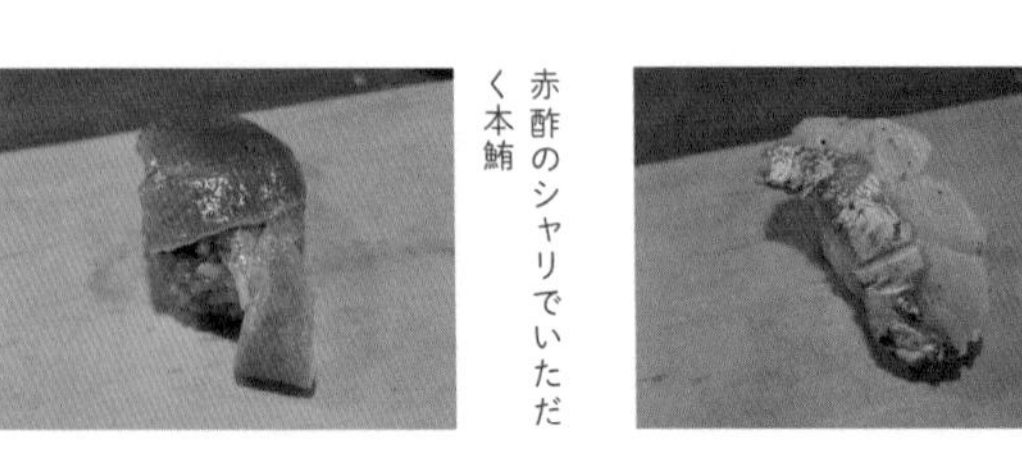
赤酢のシャリでいただく本鮪

「ええ。昨日は月山を登っていて」

「いい天気で良かったですよね。実は僕もときどき登るんですよ。あ、僕は秋田市内から来てるんですけど」

サラッと言われましたが、ここから秋田市までは車で1時間以上かかるはずです。「朝起きたら『今日は寿司だ！』って思って。車に乗ってから電話で予約したんですよね」

熱烈なファンがいるものだなと思いましたが、たしかに、少しぐらい遠くても通いたいと思えるすごい寿司だと思います。

大将に「月山さんは東京からお越しだったんですね。遠いところをありがとうございます」と見送られて、店を出ました。

鶴岡駅に戻る電車に乗り、ふと考えます。

そうか、この先、こい勢では私は「東京から来た月山さん」になるのですね。今は東京に住んでいるのだし、それはそうなのですが。地元なのに完全に「東京から来た人」として扱われると、なんだか不思議な気持ちになったりもします。

そして、あまり考えたくはないですが、母が1人で住んでいる私の実家[※5]は、いずれなくなってしまうでしょう。そうなったとき、私は完全に「東京の月山さん」になり、

※5　実家が寺院のため、寺を継げない場合はいずれ出ていかなければならない、という事情がある。

この土地とは縁のない人間になってしまうのでしょうか。

学校を卒業した後「地元に帰って働く」ことなど一度も考えたことがない私ですが、それはそれで、少し寂しい気がしました。

鶴岡に戻ると、帰りの特急電車まで時間があったので、昨日夕食をいただいたファリナモーレで、コーヒーをテイクアウトすることにします。

レジで会計していると、

「昨日はありがとうございました！」

と、昨晩接客してくれたお兄さんに声をかけられました。

「これからお帰りですか？　いや、行ってらっしゃい、かな……？」

それから、人懐っこい笑みを浮かべて言いました。

「またいらしてくださいね」

「……また来ます」

このとき思ったのです。

遠い街に住み、いつかこの街に帰る家がなくなったとしても、私がこの土地で育った人間であることに変わりはありません。

美しい山に登り、食と酒を楽しみ、温泉に浸かるために、私はこの先も何度でも、ここに戻ってくるでしょう。そういう風に、思ったのです。

スタバに入り、八文字屋を眺めて過ごす

弥陀ヶ原の向こうに鳥海山と日本海

こい勢でいただいた、この年最後の岩牡蠣

花イチジクとパンチェッタの冷たいカッペリーニ

最後にいただいた宮城県産の赤貝

秋刀魚とシシトウ、大根と紅花のオイルリゾット

おわりに

生まれ育った街が、あまり好きではありませんでした。

この本は、私が故郷の街に住んでいた高校時代のお話から始まります。大学進学と同時に上京し、おそるおそる憧れの東京を満喫し始めたかつての自分を第1章で書きました。学生時代の私は「好きなものや欲しいものはすべて東京にある」と思っていました。おいしいお店もたくさんあるし、旅行に行くぐらいなら新しい服やCDが欲しい！　クラブやライブに行きたい！　ずっとそう思っていました。

読み返すと、東京の街にはしゃぐ当時の自分を思い出して恥ずかしくなったりもしますが、それも含めて私だなとも思うのです。生まれ育った街にあまりいい思い出がなかったかつての私は、故郷とは真逆な東京に恋い焦がれたのでした。

私の故郷は、月山と鳥海山という2つの名山に挟まれた、庄内平野の真ん中にあります。現在は事情も変わっていると思いますが、住んでいた当時は大学進学をする人は少なく、高校、あるいは専門学校を卒業して地元で就職する人が大半でした。また「ちょっと悪そう」

なことが格好いいとされていた頃で、皆が尾崎豊の「15の夜」を歌い、彼の死を悼(いた)んでいた、そういう時代でした。

そんな中で、教育熱心な上に幾分過保護な家庭に育った私は、小中学校では少し、浮いた存在だったと思います。

おまけに私は、勉強はできても運動は総じて苦手な鈍くさい子供でした。もしかしたら「ちょっと浮いている」程度で、いじめられたりすることなく義務教育を終えられたのはラッキーだったのかもしれません。とは言え、中学卒業までの9年間を同じメンバーで過ごすのに、その中に心を許せる友人がいなかったことは、子供心にけっこうきついことでした。

体育やホームルームで「好きなもの同士でグループになれ」と言われる瞬間がいつも恐怖でした。どこかのグループに潜り込めたとしても、常に息苦しさがついて回るのです。「ひとりになりたくない」ために無理矢理誰かと一緒にいるのは、ひとりでいるのよりずっとつらいことだと、その頃から考えていたように思います。

高校は進学校だったので、勉強熱心なことがあたりまえの環境に変わり、少し楽に息ができるようになりました。卒業する頃には友人も何人かできたのですが、きっと皆、似たもの同士だったのでしょう。私も含め全員が県外の大学に進学し、誰ひとりとして大学卒業後にUターンする人はいませんでした。

もちろん私自身も、あんな息苦しい街に戻るなんて無理に決まっていると、子供時代の印象のまま思い続けていたのです。

就職氷河期で苦労しましたが、なんとか東京で就職した後にひとり旅が趣味になり、特に「温泉宿に泊まること」と「山に登ること」が好きになりました。そのあたりのことは第2章と第3章に書きましたが、本編には書かなかったことが一つあります。登山で山小屋に泊まると、居合わせた人たちで「出身はどちらなの？」という話になることがありました。そこで「山形県です」と答えると、

「山形はすばらしい山がたくさんあって、温泉もたくさんあるしご飯もおいしい。いいところに生まれたね！」

と、話す度に羨ましがられたのです。

登山を始めて間もないころは山形県の山にはまったく登っておらず、温泉地にもほぼ行ったことがありませんでした。しかし、あまりにも褒められるので「もしかしてもったいないことをしているのか？」と思い、県内の山や温泉を巡る旅を計画するようになりました。

月山、鳥海山、朝日連峰、吾妻連峰、蔵王山、飯豊連峰……すべての山が本当に美しく、これは羨ましがられるわけだと納得しました。また、肘折温泉、湯田川温泉、白布温泉、蔵王温泉など、あげていけばきりがないのですが、もっと早く来れば良かった！と後悔する

ほどすばらしい温泉地ばかりで、お気に入りの宿がいくつもできました。

生まれ育った庄内地方についても、住んでいたころは「米と果物とだだちゃ豆しかない」と思っていましたが、旅として出かけてみるとお酒も魚介もおいしいし、ちょっとした居酒屋のレベルが高いことに驚きました。お店の人も皆気さくで優しく「なんだ、私の地元っていいところじゃないか」と自然に思えたのです。

もし、ひとり旅をしていなかったら、故郷の街を何もないつまらないところだと思い続けていたでしょう。旅人として再訪したからこそ、地元の良さに気がつくことができました。

そして、大好きな山と温泉を多くの人に知ってもらいたい！という思いから始めたブログ「山と温泉のきろく」が、たくさんの人に読んでいただけるようになり、今回書籍を出版する機会をいただきました。

登山も温泉も、私以上に極めている方はたくさんいます。それなのにこのような機会に恵まれたのは、子供の頃「本なら望めば大抵買ってもらえる」環境で育ち、正しい日本語で文章を書けるよう、作文の宿題は必ず添削指導してくれた母の存在があってこそなのかなと思いました。

育った街の平均的な家庭より過保護な家に生まれたことを、恨めしく思ったこともありました。子供の頃、もっと自由に遊びに出かけられたなら、もしかしたら人づきあいに躓くことはなかったかもしれません。そうしたらあまり難しく考えないで、もっと気楽な感じで結婚とかしていたかも、と考えたこともあります。

しかし、ひとり旅を続けたことで「これが私の人生だ」と受け入れられるようになりました。本当に、旅はすばらしいです。

旅を続けて良かったことは他にもあります。山形県は「置賜（おきたま）」「村山」「最上（もがみ）」「庄内」の4つの地方に分かれるのですが、かつて私は庄内以外のことをほとんど知らず、行ったこともありませんでした。

「山形県出身です」と言うと「知ってる、米沢牛！」とか「さくらんぼ」「将棋の駒」「樹氷」などと言われるのですが、それらはすべて庄内以外のエリアの話なので「うちはその辺じゃないんですよね」で、話は終わっていました。実際に、庄内以外の3地方のことは、「言葉も違うし、江戸時代までは違う藩だったし、芋煮の味付けも違うから、もう別の県みたいなものだよね」

と思っていたのです。

しかしあちこち旅をした今は、庄内以外のエリアにも詳しくなり「蔵王と言えば稲花餅、あとジンギスカンがおいしいよね」とか「米沢牛は、焼肉なら駅前の『みよし』で、すき焼きなら『米沢牛亭ぐっど』が」などと、まるで地元のように語ってしまいます。本当の地元民から見たら浅い知識でしかないとは思いますが、山形の良さを、少しでも多くの人に伝えることができればそれでいいかなと思うのです。

虫の良い話かもしれませんが、旅をしたことで、故郷が山形県全域まで広がったように感じています。この本の中でも、気がつくと山形県のことをたくさん書いてしまいそうになるので、バランスを取るのに苦労しました。

山形県内に限らず、大好きな温泉と山は全国にまだまだたくさんあり、本編の執筆が終わった今「もっと詳しく書きたかったし、あの山、あの温泉についても書きたかった！」という思いが溢れています。これからも旅を続けていくし、ブログも書き続けていきますので、読みに来ていただけたらうれしいです。

最後になりますが、執筆にあたりお世話になったKADOKAWAの城﨑尉成さん、きっかけをくださった株式会社はてなの皆さん、ありがとうございました。

2020年9月　月山もも

装丁　坂川朱音
本文デザイン　坂川朱音＋田中斐子（朱猫堂）
イラスト　イオクサツキ
DTP　有限会社エヴリ・シンク

月山もも（つきやま・もも）

山形県生まれ。

温泉宿にひとりで泊まるのが好きで、山麓の温泉宿を巡るうちに「歩いてしか行けない温泉宿」に憧れを抱き、2011年から登山を始める。

2016年より、ブログ「山と温泉のきろく」に温泉宿への宿泊記、旅の食事や登山の記録などを綴り、3年間で1000万PVを超える人気ブログとなる。ヤマケイオンラインの連載「ひとり温泉登山」のほか、メディアへの寄稿多数。

ブログを通じて山と温泉に魅せられる人を増やすことが、人生のよろこび。

ブログ［山と温泉のきろく］
https://www.yamaonsen.com/

ツイッター［@happy_dust］
https://twitter.com/happy_dust/

インスタグラム［tsukiyamamomo］
https://www.instagram.com/tsukiyamamomo/

note
https://note.com/tsukiyamamomo

ひとり酒（ざけ）、ひとり温泉（おんせん）、ひとり山（やま）

2020年10月29日　初版発行
2024年５月20日　10版発行

著者／月山（つきやま）もも

発行者／山下　直久

発行／株式会社KADOKAWA
〒102-8177　東京都千代田区富士見2-13-3
電話　0570-002-301（ナビダイヤル）

印刷所／図書印刷株式会社

●お問い合わせ
https://www.kadokawa.co.jp/（「お問い合わせ」へお進みください）
※内容によっては、お答えできない場合があります。
※サポートは日本国内のみとさせていただきます。
※Japanese text only

定価はカバーに表示してあります。

ISBN 978-4-04-604708-3　C0095